Georg Schäfer

Datenstrukturen und Datenbanken

Georg Schäfer

Datenstrukturen und Datenbanken

Friedr. Vieweg & Sohn   Braunschweig / Wiesbaden

CIP-Titelaufnahme der Deutschen Bibliothek

Schäfer, Georg:
Datenstrukturen und Datenbanken / Georg
Schäfer. — Braunschweig; Wiesbaden: Vieweg,
1989
   ISBN-13: 978-3-528-04612-5   e-ISBN-13: 978-3-322-84229-9
   DOI: 10.1007/978-3-322-84229-9

Das in diesem Buch enthaltene Programm-Material ist mit keiner Verpflichtung oder Garantie irgendeiner Art verbunden. Der Autor und der Verlag übernehmen infolgedessen keine Verantwortung und
werden keine daraus folgende oder sonstige Haftung übernehmen, die auf irgendeine Art aus der
Benutzung dieses Programm-Materials oder Teilen davon entsteht.

Der Verlag Vieweg ist ein Unternehmen der Verlagsgruppe Bertelsmann.

ISBN-13: 978-3-528-04612-5

Vorwort

Der vorliegende Text soll Studenten von Fachhochschulen, Berufsakademien und vergleichbaren Einrichtungen einen raschen, herstellerneutralen Einstieg in die Welt der Datenstrukturen und Datenbanken geben. Dazu kann der Text sowohl im Unterricht als auch beim Selbststudium verwendet werden. Wer den Text gründlich durcharbeitet, ist danach in der Lage, auch für schwierigste Automationsaufgaben im Bereich der Anwendungsentwicklung mit den für PC oder Großrechner auf dem Markt angebotenen Datenbanksystemen ein qualifiziertes Datenbankdesign zu erstellen. Falls, wie heute vielfach üblich, die Realisierung mit Hilfe relationaler Datenbanksysteme erfolgt, dann vermittelt dieses Buch auch das Wissen für das Einrichten und Betreiben dieser Datenbanken mit SQL.

Das Buch besteht aus mehreren eigenständigen, aber dennoch aufeinander abgestimmten Teilen:
Der erste Teil ist eine **Einführung in die Datenstrukturen**, die bei der Konzeption von Datenbanken vorkommen. Der Teil sollte von allen, die sich erstmals mit Datenbanken beschäftigen, studiert werden. Der zweite Teil ist **ein Programmierhandbuch für SQL**, das als Datenbankpraktikum mit Hilfe mehrerer durchgängiger Beispiele SQL-Befehle erklärt. Dieses Kapitel beschreibt auch **künftig benötigte SQL-Funktionen**. Wer sich ausschließlich für CODASYL-Datenbanken interessiert, kann den SQL-Teil vorerst überspringen und später nachlesen. Der dritte Teil erläutert das **CODASYL-Modell**, beschreibt seine drei Struktursprachen und erklärt die dahinter stehende Speicherorganisation. Weitere Kapitel informieren über **IMS**, über die **Integration von Datenbanksystemen in Betriebssysteme** einschließlich wichtiger Überlegungen zum **Tuning (Verbessern von Antwortzeiten)**. Außerdem wird über **Datenbankmaschinen** und **Datenintegrität und Datenkonsistenz** gesprochen.

Einige Kapitel enthalten am Schluß Aufgaben. Sie dienen dazu, dem interessierten Leser eine Richtung für weiterführende Studien anzuzeigen. Ohne Studium der im Literaturverzeichnis angegebenen Bücher werden sie Schüler kaum lösen können. Die Aufgaben eignen sich deshalb besonders als Themen für Referate oder kleinere Arbeitsgruppen.

Der Text ist zum Lernen gedacht. Er enthält vom Umfang den Stoff, der in etwa einem halben Jahr unterrichtet werden kann.

Eine Gewähr, daß die auf dem Markt angebotenen Datenbanksysteme in allen Punkten genau so wie beschrieben funktionieren, kann bei der Vielzahl der Systeme natürlich nicht übernommen werden. Für Verbesserungsvorschläge und die Mitteilung evtl. Fehler bin ich jedem Leser jedoch dankbar.

G. Schäfer
Mai 1988

Inhaltsverzeichnis

TEIL III CODASYL-MODELL

TEIL I EINFÜHRUNG IN DIE DATENSTRUKTUREN

1 Aufgaben eines Datenbanksystems

Wer die aktuelle Diskussion in EDV-Kreisen etwas mitverfolgt, wird immer wieder Zeuge hitziger Gespräche über die Vor- und Nachteile bestimmter Datenbanksysteme. Dieses Engagement der Fachleute ist berechtigt:

* Datenbanksysteme verwalten oftmals mehrere Gigabyte ($=10^9$ Zeichen) Information. Hätte man diese Systeme nicht, müßte das Lesen von und Schreiben auf Datenträger, ihre Zylinder, Spuren und Datenblöcke sehr mühsam und zeitaufwendig von jedem selbst programmiert werden.

* Gute Datenbanksysteme erlauben, quasi im Handumdrehen eine neue Datenbank einzurichten und zu ändern. Schlechte Datenbanksysteme erfordern dazu oft den mehr als 10-fachen Aufwand.

* Wenn, wie etwa bei Reisereservierungssystemen, tausende von Personen gleichzeitig auf alle Daten zugreifen können, muß ein Datenbanksystem sehr schnell eine große Zahl von Daten aufnehmen und Abfragen in Sekundenbruchteilen durchführen. Kurzum: Es muß eine gute Performance bieten.

* Weil beispielsweise in einem Unternehmen der Einkauf, der Verkauf, die Geschäftsleitung, die Entwicklungsabteilung usw. gemeinsam dieselben Daten nutzen wollen (und müssen!), sind die Informationen allgemein verwertbar zu erheben, einheitlich zu speichern und – je nach Berechtigung – für Abfragen zur Verfügung zu stellen. Ist das nicht der Fall oder gar wegen technischer Unzulänglichkeit des eingesetzten Datenbanksystems nicht möglich, entstehen schnell wertlose Datenfriedhöfe.

Schon diese Überlegungen zeigen, daß die Konzeption von Datenbanksystemen eine fundierte Vorstellung von den theoretisch überhaupt denkbaren Informationsstrukturen, den systemtechnischen Abläufen in einem Computersystem und den vielfältigen Aspekten der Anwendungsentwicklung erfordern. Wer sich im Bereich der Datenbanktechnik ein fundiertes

Urteil erlauben will, sollte mehrere Datenbankmodelle und die Grundsätze der systemtechnischen Integration von Datenbanken in Betriebssysteme von Universalrechnern kennenlernen. Alle diese praktischen und theoretischen Grundlagen der Datenbanktechnologie werden im vorliegenden Buch verständlich dargestellt.

Ihre Kenntnis ist Voraussetzung dafür, daß eine EDV-Anwendung von ihren späteren Benutzern auch akzeptiert wird. Das allein reicht jedoch noch nicht. Um häufig in der Praxis vorkommende Fehler zu vermeiden, sollte jeder EDV-Spezialist immer wissen: Die sprachlich eindeutige, widerspruchsfreie und unter allen künftigen Benutzern konsensfähige Formulierung der zu realisierenden Anwendung vor ihrer Programmierung ist eine Voraussetzung für die spätere Akzeptanz einer Datenbankanwendung. [1]

----

[1] Auf dieses wichtige Problem und seine Lösung wird hier nicht näher eingegangen. Eine ausführliche Erörterung enthält das Buch von H. Wedekind (vgl. Literaturverzeichnis).

2 Verlauf der technischen Entwicklung

1948 formulierte John v. Neumann die noch heute gültigen Fundamentalprinzipien zum Aufbau eines Rechners:

* Daten und Programme sind im Speicher zu verwalten und müssen dynamisch veränderbar sein.
* Der Programmablauf muß Sprünge ermöglichen und so Wiederholungen erlauben.

Bereits diese Prinzipien zwangen dazu, für den Hauptspeicher eine Datenstruktur zu entwerfen. Strukturelemente sind dabei die auch hier in Kapitel 3 beschriebenen:

* **Listen**, etwa zur Verkettung von Task Control Blöcken oder zur Verwaltung von Warteschlangen für Jobs,
* **Keller** (*stack*), etwa zum Verwalten von Unterbrechungen (*interrupts*),
* **indexsequentielle Organisation**, beispielsweise für den Zugriff auf Datenverzeichnisse (Kataloge) oder für der virtuelle Speichertechnik.

Als um 1950 Magnetplatten aufgrund ihres damals erreichten günstigen Preis-/Leistungsverhältnisses auf breiter Ebene zum Einsatz kamen, wurden diese Datenstrukturen — insb. Listen und indexsequentielle Organisation — wegen ihrer einfachen Anwendbarkeit und ihrer Verständlichkeit übernommen. In der Folge ergaben sich recht bald einige Probleme:

* Für jeden Unternehmensbereich und jede Anwendung entstanden unkoordiniert Einzeldateien für spezielle Zwecke.
* Die Verknüpfung dieser Einzeldateien war oft nicht möglich, weil sie sich im technischen Format und in der Bedeutung einzelner, meist namentlich sogar identischer Datenfelder unterschieden. Wenn also der Einkauf eines Unternehmens neues Rohmaterial für die Produktion besorgte, wußte der Lagerverwalter noch lange nicht, daß er dafür Platz zu schaffen hatte und die Produktionsleitung erfuhr ebenfalls nicht automatisch diese für sie ja enorm wichtige Information. Von einer effizienten Datenaktualisierung konnte also keine Rede sein.
* Die anteilsmäßig sehr bedeutende sequentielle Verarbeitung von Dateien degradierte die leistungsfähigen Magnetplatten zu besseren Magnetbändern.

Um 1970 entstand deshalb ein sehr starker Druck auf die EDV-Abteilungen, integrierte Dateisysteme für eine ganzheitliche Sicht der Datenverarbeitung einer Unternehmung oder Verwaltung zu realisieren. Dies

erforderte neue Überlegungen zur Datenstrukturierung und zur systemtechnischen Realisierung dieser Strukturen.

1971 führte das zum ersten Vorschlag der Data Base Task Group (DBTG)
der Conference on Data System Languages (CODASYL). Das Modell ist
in Kapitel 7 beschrieben.

E.F. Codd legte schon 1969/70 einen anderen Vorschlag in seinem Artikel "A relational modell of data for large shared data banks" (Commu-
nications of the ACM 13,6,Juni 1960) vor. Diese Technik ist in Kapitel
6 dargestellt.

Ein pragmatisch entwickeltes hierarchisches Modell realisierte die IBM
ursprünglich für einen ihrer großen Kunden mit ihren Produkten "Data
Language/I" und "Information Management System (IMS)".   Diese
Struktur erläutert Kapitel 8.

Das Ziel dieser Entwicklungen, die sich bis heute fortsetzen, ist:

* Eine große Datenbasis soll einem heterogenen Benutzerkreis zur
  Verfügung stehen.

* Wenn ein autorisierter Benutzer ein Datum ändert, sollen **alle**
  anderen unmittelbar danach mit dem geänderten Datum arbeiten.
  Jede Information soll also nur einmal für alle möglichen Nutzer
  gespeichert sein.

* Die Datenbasis soll leicht umstrukturiert, insbesondere erweitert,
  werden können.

* Die Arbeit aller Anwender wird in inhaltlich zusammenhängende
  Einheiten zerlegt. Um auch unvorhergesehene Betriebsstörungen
  zu beherrschen, soll das Datenbanksystem diese Einheiten (sog.
  Transaktionen) entweder ganz oder gar nicht durchführen. Die Verarbeitung einer Einheit soll, ausgehend von einem inhaltlich und
  formal korrekten Datenbestand, als Ergebnis wieder eine korrekte
  Datenbasis haben. Diese Anforderungen nennt man Konsistenz-
  und Integritätsbedingung.

* Man soll einen einfachen Überblick über alle im System definierten
  Daten erhalten (sog. *Data Dictionary*).

* Differenzierte Zugriffsregelungen sollen z.B. aus Gründen des Da-
  tenschutzes zuverlässig implementiert werden können.

Die einzelnen Modelle erfüllen diese Ziele auch heute noch nur in unter-
schiedlichem Maß.

Die Entwicklung der modernen Datenbanksysteme erfolgte parallel zu der Entwicklung komfortabler Betriebssysteme und Standardprogramme zur Datenfernübertragung (sog. *Transaktionsmonitore, Transaction Processing Systems* oder *TP-Systeme*). Da die TP-Monitore zur Gewährleistung der erforderlichen Konsistenz- und Integritätsbedingungen sehr eng mit dem Datenbanksystem zusammenarbeiten müssen, nennt man sie auch häufig als Einheit: DB/DC-Systeme (*Data Base/Data Communication Systems*). Die nachfolgende Tabelle zeigt einen kleinen Überblick über wichtige auf dem deutschen Markt angebotene DB/DC-Systeme:

Anbieter	Betriebssystem	DB/DC-System	Typ
Siemens	BS 2000	UTM/UDS	CODASYL
IBM	MVS/XA	DB2/CICS	Rel. Modell
	MVS,DOS,...	IMS DB/DC	hierarch.
Software AG	BS 2000 MVS VMS (DEC)	ADABAS mit NATURAL	—

Abb. 1: Übersicht über bekannte Datenbanksysteme für Großrechner

3 Datenstrukturen

Datenbankspezialisten, die bereits zwei oder drei Datenbanksysteme gut
kennen, bestätigen, daß man im Grunde nur wenige einfache Datenstrukturen kennen muß. Diese Datenstrukturen benutzen alle Datenbanksysteme, auch wenn fast jeder Hersteller einen anderen Namen für
sie eingeführt hat. Es gibt deshalb eine Reihe guter Gründe, sich zuerst
mit Datenstrukturen und nicht mit einem bestimmten Datenbanksystem
zu beschäftigen:

* Das Wissen über Datenstrukturen ist unabhängig von bestimmten
  Herstellern und Produkten. Wer es sich erwirbt, hat deshalb einen
  größeren Überblick und nützliches Hintergrundwissen.
* Wer sich allgemein mit Datenstrukturen beschäftigte, besitzt die
  Voraussetzungen, um unterschiedliche Datenbanksysteme und Da-
  tenmodelle zu vergleichen. Er erkennt auch, welche Funktionen
  bei einem konkreten Datenbanksystem fehlen oder wünschenswert
  wären.
* Wissen über bestimmte, auf dem Markt aktuell angebotene Datenbanksysteme veraltet. Spätestens alle vier Jahre kommt eine neue
  Produktversion auf den Markt. Demgegenüber veraltet das Wissen über Datenstrukturen nicht; vielmehr kann es nur ständig erweitert und vertieft werden.
* Wer zuerst Datenstrukturen analysiert und danach Produkte aus-
  wählt, handelt systematisch. Man prüft ja beim Autokauf auch
  erst den tatsächlichen Bedarf und entscheidet danach, ob ein Lkw,
  ein Kleinwagen oder eine große Reiselimousine das geeignete Au-
  tomobil ist.

Hinzu kommt, daß nur wenig Wissen über Datenstrukturen erforderlich
ist, um in den Genuß dieser Vorteile zu gelangen.

Die jeweils zur Verfügung stehende Speichertechnolgie soll im folgenden
keine Rolle spielen. Denn sonst könnten technologisch bedingte und
deshalb evtl. nur vorübergehende Realisierungsschwierigkeiten zu einer
eingeschränkt tauglichen Konzeption der Datenverwaltung führen.

Im Laufe der Jahre entwickelten die theoretischen Informatiker und die
Hersteller von Datenbanksystemen eine Reihe anschaulicher Beschrei-
bungsmethoden für die einzelnen Datenstrukturen. Solche graphische
Darstellungen von Datenstrukturen erleichtern das Verständnis und den
Umgang mit diesen Strukturen. Deshalb werden diejenigen Darstel-
lungsmethoden, die sich bislang praktisch bewährt haben, nachfolgend
besprochen. Das durchgehende Ziel ist dabei, sich auf das unumgänglich

Notwendige zu beschränken. Deshalb werden kaum Begriffe der theoretischen Graphentheorie, sondern von Anfang an gängige Bezeichnungen der Informationsverarbeitung mit Datenbanksystemen verwendet.[1]

---

[1] Wer sich tiefer auch mit den im Hauptspeicher vorkommenden Datenstrukturen beschäftigen will, wird auf E. Knuth, The Art of Computer Programming, Fundamental Algorithms, verwiesen.

3.1 Alltägliche Datenstrukturen und grundsätzliche Begriffe

Eine Datenstruktur bilden Einträge im privaten Telefonverzeichnis des Terminkalenders. Hier stehen, etwa unter dem Buchstaben **S**,

Susi   0621/745032
Sabine 07325/5697

...

Zu jeder eingetragenen Person sind genau zwei Informationen vermerkt: der Vorname und die Telefonnummer einschließlich der Vorwahl. Die einzelnen Informationen nennt man Informationselemente, Merkmale, Datenfelder oder auch Datenarten. Weil man so wie im Eintrag des Telefonverzeichnisses oftmals mehrere Datenarten zu einer Einheit zusammenfügen muß, gibt es auch hierfür einen Spezialbegriff. Mehrere Datenfelder bilden einen Datensatz oder, in der Sprache der Graphentheorie, einen Knoten.

Datensätze bestehen in der Realität meist aus einer Vielzahl von Datenfeldern, von denen sich einige wiederholen können oder in Teilfelder unterteilen lassen. Das gilt auch für das Telefonverzeichnis:

Susi   0621/745032
Sabine 07325/5697
Silvain 0711/230-156 (Büro)
        07144/10411 (zuhause)
        0040-445-89576 (Frankr.)

...

Im Fall von "Silvain" sind drei Telefonnummern eingetragen, die teilweise unterschiedliche Teilfelder besitzen (mal mit, mal ohne Vorwahl für das Ausland). Außerdem ist noch ein weiteres Datenfeld vorhanden, das angibt, wo der Apparat steht.

Der Begriff des Knoten (*node*) wird allgemein bei der Diskussion von Datenstrukturen verwendet. Unter einem Knoten versteht man eine Zusammenfassung von Informationselementen, die selbst wieder in einzelne Datenfelder unterteilt sein können oder sind. Ein anderes Beispiel für einen Knoten ist somit das Tagesdatum, das aus den Datenfeldern Tag, Monat und Jahr besteht. Die Praktiker sprechen meist anstatt von Knoten von Datensätzen (*records*). Was in einem konkreten Anwendungsfall als Knoten definiert werden sollte, ist ein Problem, das beim Entwurf von Datenbanken eine große Rolle spielt.

Manche Datenfelder haben besondere Namen. So bezeichnet man als Link, Verkettung oder Zeiger ein Datenfeld, das die Adresse eines Knotens enthält. Die Adresse kann dabei eine Hauptspeicheradresse oder eine

Adresse auf einer Magnetplatte (oder Diskette) sein. Ein oder mehrere Links können zusammengefaßt als Knoten angesehen werden. Der Begriff Pointer steht oft auch anstelle der Bezeichnung Link. Wenn von Adressen die Rede ist, wird vom Vorhandensein eines unbeschränkt großen linearen Adreßraums ausgegangen: Das erste Byte (Zeichen) hat die Adresse 0, das zweite die Adresse 1 usw.

Das obige Beispiel des Telefonverzeichnisses läßt sich fortsetzen: Besonders interessant daran ist, daß bei der Suche nach der Nummer einer bestimmten Person über den ersten Buchstaben des Namens zugegriffen werden kann. Eine fortlaufende Suche, vorne angefangen bis zum gewünschten Eintrag, ist nicht notwendig. Lediglich innerhalb der Einträge zu einem Anfangsbuchstaben ist fortlaufend (*sequentiell*) zu suchen. Einen solchen Zugriff über ein bestimmtes Zugriffskriterium, hier der Anfangsbuchstabe, nennt man einen indexsequentiellen Zugriff. Diese Bezeichnung kommt daher, daß erst über einen Index, hier der Anfangsbuchstabe, und danach sequentiell gesucht wird. Das Telefonverzeichnis ist, so gesehen, eine indexsequentielle Datei. Sie hat dabei übrigens die Eigenschaften, die auch automatisiert geführte indexsequentielle Dateien haben: Trägt man innerhalb des sequentiell organisierten Teils einen neuen Datensatz ein, dann erfolgt i.d.R. keine alphabetisch geordnete Einfügung. Der Aufwand dafür wird nämlich in zu vielen Fällen schlicht zu hoch. Im Fall des Telefonverzeichnisses im Terminkalender müßte man beispielsweise eine ganze Seite neu schreiben, um einen neuen Eintrag zwischen zwei direkt untereinander geschriebene einzufügen. Wer allerdings am Jahresanfang etwas vorausschauend denkt, wird Lücken zwischen den dann noch alphabetisch sortierten Einträgen lassen, um sie bei späteren Nachträgen füllen zu können. So kann die alphabetische Ordnung noch eine Zeitlang aufrechterhalten werden. Auch diese Technik setzen Computer bei der Verwaltung indexsequentieller Dateien ein.

Weil die EDV-Sprache zu fast jedem Begriff eine Vielzahl synonymer Bezeichnungen kennt, sind hier noch ein paar neue Fachworte einzuführen:

* Einen Index bezeichnet man auch als Zugriffskriterium (s.o.) oder als Schlüssel. Da ein Index immer mit einer vorgegebenen Ordnung zusammenpassen muß — es ist meist die alphabetische Sortierfolge — , nennt man ihn auch Ordnungskriterium.
* Eine sequentielle Datei heißt auch SAM-Datei. SAM steht für *sequential access method*. Anstatt von einer indexsequentiellen Datei zu sprechen, ist auch üblich, kurz von einer ISAM-Datei zu reden. ISAM steht für *index sequential access method*.

3.2 Lineare Listen und sequentielle Dateien

Als lineare Liste bezeichnet man eine lückenlose Aneinanderreihung
von Datensätzen gleichen Aufbaus innerhalb eines vorgegebenen Adreßraums. Die Position eines Satzes innerhalb dieser Reihe ergibt seine
Satznummer. Einen Satz bezeichnet man in diesem Zusammenhang
auch als Listenelement.

Eine sequentielle Datei ist in der Art, wie sie üblicherweise in PC's oder
Großrechnern realisiert ist, eine lineare Liste folgender Art:

Satz 1	Satz 2	Satz 3	Satz 4	Satz 5

Abb. 2: Allgemeiner Fall einer nicht verketteten linearen Liste

Die Sätze (Knoten) können dabei unterschiedlich lang sein. In dem Fall
geht den Benutzerdaten ein i.d.R. 4 Bytes langes Satzlängenfeld voraus.
In ihm ist die Länge des Datensatzes (einschließlich der 4 Bytes des
Satzlängenfeldes) gespeichert.

Diese Struktur ist der einfachste Fall einer linearen Liste. Die Sätze
könnten natürlich auch untereinander geschrieben werden. Es entstünde
dann eine Datenstruktur, die man umgangssprachlich als Tabelle bezeichnet. Beispielsweise sind in Kap. 2 einige gängige Datenbanksysteme tabellarisch dargestellt; die Knoten sind gleichartig aufgebaut und
enthalten die Datenarten *Anbieter*, *Betriebssystem*, *DB/DC − System*
und *Typ*.

Die Satzfolge einer linearen Liste ist festgelegt durch die sequentielle
Positionierung der Sätze im linearen Adreßraum. Diese Organisation
wird bei der automatisierten Datenverwaltung mit Dateien verwendet,
wenn voraussichtlich auf der Magnetplatte keine Operationen wie

* Einfügen eines neuen Listenelements zwischen bereits vorhandenen Elementen, oder

* Löschen eines inneren Elements

erforderlich werden. Diese Operationen würden nämlich eine Verschie-
bung eines ganzen Listenteils (des vorderen oder des hinteren) erfordern.
Das wäre sehr aufwendig.

Nicht aufwendig ist der direkte Zugriff auf die einzelnen Listenelemente, falls alle Listenelemente dieselbe Länge haben. Wenn nämlich die Knoten k Bytes lang sind, der erste Knoten der linearen Liste auf der Byteadresse e des linearen Adreßraums beginnt, dann berechnet sich die Adresse a_n des n-ten Knotens so:

$$a_n = e + (n-1)k$$

Diese einfache Datenstruktur verwendet man deshalb auch, wenn man in Dateien aufgrund einer Satznummer direkt auf die Datensätze, die alle eine feste Satzlänge haben, zugreifen muß. Solche Dateien heißen auch Direktzugriffsdateien. Sie hatten früher eine wesentlich größere Bedeutung in der EDV als heute, wo man als Zugriffskriterium aufgrund der verbesserten und kostengünstigeren Technik nicht mehr auf die inhaltlich nichtssagende Satznummer angewiesen ist.

Anwendungsbeispiele:

(1) Dateien mit Programmzeilen, die der Editor bzw. Compiler im Hauptspeicher in eine komplexere Struktur umsetzt, sind i.d.R. auf der Platte sequentiell organisiert.

(2) Drucklisten, die das Spoolsystem Zeile für Zeile ausdruckt, sind i.d.R. genauso organisiert.

(3) Die Aktualisierung einer linearen Liste verursacht einen hohen Aufwand, weil Listenteile bei Einfügungen oder Löschungen irgendeines der inneren Listenelemente (das sind alle Elemente außer dem ersten und dem letzten) verschoben werden müssen. Dieser Aufwand stört wenig, wenn das Verschieben nicht auf der Magnetplatte, sondern im Hauptspeicher eines Rechners vor sich geht. Man benutzt deshalb oft folgenden Trick: Im Hauptspeicher bildet man eine Tabelle (das ist auch eine lineare Liste), die aus zwei Teilen besteht, einem Schlüssel (z.B. Kontonummer, Name usw.) für den Datenzugriff und einer Adresse, die angibt, wo auf der Magnetplatte der zum Schlüsselwert gehörende Datensatz liegt. Eine lineare Liste mit Datensätzen, die neben anderen Datenarten einen Pointer enthalten und die zum Zweck eines Verweises auf Daten angelegt werden, nennt man auch Pointer Array. Auf der Platte legt man die Datensätze "igendwo" innerhalb eines definierten Bereichs (gestreut) unter einer Adresse ab. Eine Löschung eines Datensatzes führt dann zu einer Lücke im Pointer Array; man schließt diese durch Reorganisieren, also Zusammenpacken, der Tabelle nach jeweils n Löschungen (n kann man oftmals pro Anwendung dem System vorgeben). Einfügungen neuer Sätze erfordern ein Verschieben eines Tabellenteils bis zur nächsten

Lücke (falls es zufällig eine gibt) oder bis zum Tabellenende. Auf der Platte wird der einzufügende Knoten unter irgendeiner freien Adresse im definierten Bereich abgelegt. Beides ist im Hauptspeicher einfach und schnell, auf der Platte aber langsam und komplizierter. Die Kombination der beiden Listen ist deshalb eine sehr einfache und zudem sehr effiziente Art, Daten zu organisieren.

Auch wenn auf der Platte innere Listenelemente verarbeitet werden müssen, kommt man noch mit einer linearen Datenstruktur aus. Allerdings verwendet man dann verkettete Listen (*linked lists*). Dabei wird, wie nachfolgend dargestellt, zwischen einfach und doppelt verketteten Listen unterschieden.

Die nachfolgenden Erläuterungen gehen von folgenden Konventionen aus:

Mit α wird der Listenkopf bezeichnet. Ein Listenkopf ist der Ausgangspunkt für eine lineare Liste und notwendig, weil nicht jede lineare Liste im linearen Adreßraum auf der Adress 0 beginnen kann. Wo eine lineare Liste anfängt ergibt sich aus einem Pointer des Listenkopfs. Der Listenkopf kann noch weitere Informationen enthalten, z.B. den Namen einer Liste, die Anzahl ihrer Elemente usw.

Mit P_i, $i = 1, 2, 3, 4, ...$ werden Pointer bezeichnet.

D_i (i ist eine beliebige reelle Zahl) bezeichnet Datensätze. Der Index i soll dabei die Position eines Satzes innerhalb einer linearen Liste angeben.

Darstellung einer einfach verketteten Liste:

$$\alpha \longrightarrow \boxed{\text{Daten} \mid P} \longrightarrow \boxed{\text{Daten} \mid P} \longrightarrow \boxed{\text{Daten} \mid P} \longrightarrow \Omega$$

α = Listenkopf, Ω = Listenende , P = Pointer auf den nächsten Knoten

Durch Hinzunahme eines weiteren Pointers kann eine Rückwärtsverkettung realisiert werden. Der Vorteil ist, daß dann innerhalb der Liste einfach vorwärts und rückwärts gesucht werden kann. Listen mit Vorwärts- und Rückwärtsverkettung nennt man auch doppelt verkettete Listen.

Darstellung einer doppelt verketteten Liste:

α = Listenkopf, Ω = Listenende, D = Daten,
P_2 = Pointer zur Vorwärtsverkettung,
P_1 = Pointer zur Rückwärtsverkettung

Diese Datenstrukturen erlauben bereits komplizierte Operationen:

* Das Einfügen von Elementen ist einfach möglich. Dabei werden nämlich nur die Link-Adressen verändert.

* Innere Elemente können auch gelöscht werden; auch dabei werden keine Sätze physisch bewegt, sondern nur Pointer verändert.

Wie das vor sich geht, ist nachfolgend an einem Beispiel dargestellt.

Aus

$$\alpha \longrightarrow \boxed{D_1} \longrightarrow \boxed{D_4} \longrightarrow \Omega$$

wird durch Einfügen des Elements $D_{3.5}$

$$\alpha \longrightarrow \boxed{D_1} \qquad \boxed{D_4} \longrightarrow \Omega$$

$$\searrow \qquad \nearrow$$

$$\boxed{D_{3.5}}$$

Dieses Beispiel zeigt bereits, daß das Datenelement $D_{3.5}$ einen neuen, erst noch von irgendwoher zu besorgenden Speicherplatz belegt. Weil dieser Platz nicht einfach an einer beliebigen Stelle der Magnetplatte belegt werden kann, erfolgt die Verwaltung verketteter Listen i.d.R. so:

Man legt eine Datei an, die aus einer großen Zahl n von Datenblöcken besteht. Das unterstützen moderne Betriebssysteme, weil bei ihnen der Plattenplatz immer in bestimmten Einheiten zur Verfügung gestellt wird. Im BS 2000 sind diese Einheiten die PAM-Pages (2KB), im VMS sind es Blöcke von 512 Bytes.

In dieser Datei definiert man jetzt **zwei** verkettete Listen. Je nach Anwendung sind sie einfach oder doppelt verkettet. Die erste Liste nutzt man zur Freiplatzverwaltung (*garbage collection*): die leeren und noch verfügbaren Speicherblöcke sind hier verkettet. Die zweite Liste dient der Verwaltung der Echtdaten. Direkt nach dem Einrichten der Datei ist diese Liste leer. Sobald der erste Datenblock von der Anwendung belegt wird, holt das Programm einen Block aus der Liste der freien Blöcke und kettet ihn in die Liste der belegten Blöcke entsprechend den jeweiligen Notwendigkeiten der Anwendung ein.

Bei einer einfach verketteten Liste sind dabei folgende Programmschritte durchzuführen:

* Lesen des Pointers P im Listenkopf der Freiplatzkette
* Lesen des Pointers P_x im Block, auf den P zeigt. Dies ist die Adresse des zweiten Blocks der Freiplatzkette.
* Abspeichern von P_x anstelle von P im Listenkopf der Freiplatzkette.
* Der Block, auf den P zeigt, enthält in seinem Pointerfeld den Wert P_x , da P_x die Adresse des bisherigen Folgeblocks in der Freiplatzkette war. Wenn nun der eben beschaffte Block der erste Block in der Liste der belegten Blöcke ist, dann erhält er in dem Datenfeld, das auf den Folgeblock zeigt, i.d.R. eine Null eingetragen. Das soll anzeigen, daß die Liste an dieser Stelle zu Ende ist. Außerdem kommt seine Adresse P in das Pointerfeld des Listenkopfelements der belegten Blöcke. – Falls der eben beschaffte Block in die Liste der n belegten Blöcke nach dem m-ten Block einzuketten ist $(1 < m < n)$, bestimmt das Programm zuerst den m-ten Block, holt daraus den Pointer P_{m+1} auf den $m + 1$-ten Block und speichert diesen im soeben beschafften und jetzt einzukettenden Block . Dessen Adresse P wird dann im Pointerfeld des m-ten Blocks vermerkt.

Diese Beschreibung der Operationen, die zur Fortschreibung der verketteten Liste notwendig sind, weist sogleich auf einige ernste Probleme hin:

* Ist der neu eingekettete Block von den Blöcken der bisherigen Liste physisch auf der Magnetplatte weit entfernt abgelegt, dann erfordert das sequentielle Durchsuchen der Liste anhand der Links

erhebliche Zugriffszeiten. Die Datei der zu verkettenden Blöcke sollte also möglichst nicht zu groß sein oder es sollte durch besondere Verkettungsalgorithmen versucht werden, in der Liste der freien Blöcke möglichst einen zu finden, der nahe bei seinen künftigen Nachbarn liegt.

* Wenn das Verkettungsprogramm während der Verkettung abbricht oder der Computer während dieses Vorgangs aufgrund eines Fehlers die Verarbeitung abbricht (z.B. Stromausfall), dann kann eine der beiden Listen zerstört werden. Das ist etwa der Fall, wenn die Adresse des einzukettenden Blocks im Block m bereits vermerkt ist, im Pointerfeld des neuen Blocks jedoch die Adresse P_{m+1} vor dem Rechnerhalt nicht mehr abgelegt werden konnte. Deshalb benötigt man ein Programm, das bei jedem Rechnerstart prüft, ob bei dem vorausgehenden Rechnerhalt eine Liste in korruptem Zustand hinterlassen wurde.

Anwendungsbeispiele für verkettete Listen:

(1) Verkettete Listen verwendet man zur Realisierung von Warteschlangen auf der Magnetplatte: wartende Jobs oder Spoolaufträge werden so registriert. Die Platte verwendet man, damit bei einem Rechnerhalt die Information nicht verloren geht.

(2) Speicherung von Matrizen
Eine Matrix $A(J, K)$ $J, K = 0, 1, 2, \ldots$ kann so abgelegt werden, daß:
$$\text{Adresse } (A(J, K)) = a_0 + a_1 J + a_2 K.$$
In der Regel verwendet man dann die lexikographische Ordnung und speichert die Matrizenelemente in dieser Reihenfolge:

$A(0, 0)$
$A(0, 1)$
$A(0, 2)$
$A(0, 3)$
$A(1, 0)$
$A(1, 1)$
$A(1, 2)$
...
$A(3, 2)$
$A(3, 3)$

(3) Ein anderes Beispiel ist die Verkettung von Dateibeschreibungen
    für eine Reihe von Benutzerkennungen (*Dateikatalog*)

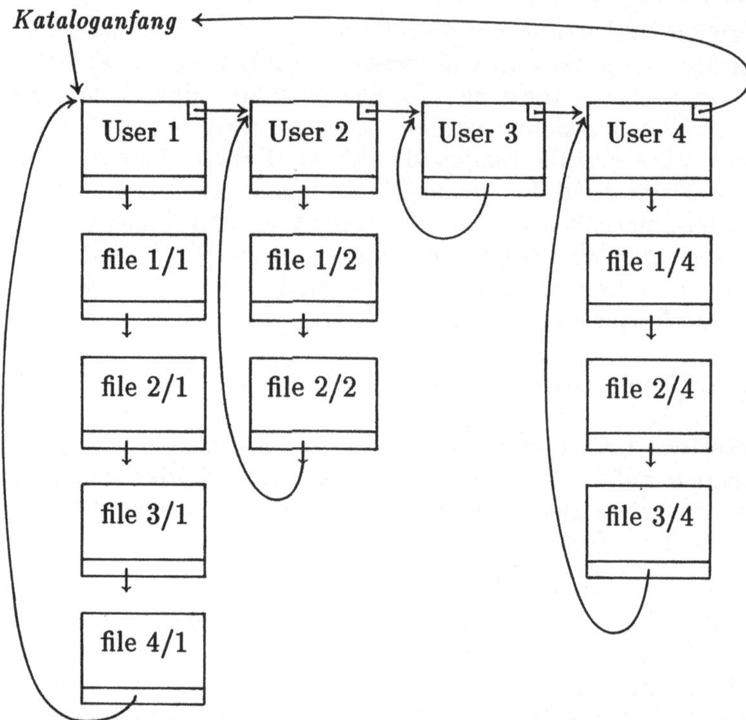

(4) Für Analyseaufgaben, bei denen ein Sachverhalt schrittweise ver-
    tieft und dann wieder verallgemeinert werden muß (z.B. semanti-
    sche Analysen, Compilerbau) benötigt man Keller (*stack*). Diese
    Datenstruktur, die auch mittels linearer Listen realisiert werden
    kann, vergleicht man gerne mit Rangiergleisen bei der Eisenbahn.
    Dort ist es nämlich so, daß der zuletzt eingefahrene Wagen wieder
    als erster herausgeholt werden muß ; der zuerst eingefahrene ist
    demgegenüber der letzte der herauskommt. Genauso ist es bei
    einem Datenkeller mit den eingespeicherten Elementen. Man spricht
    hier auch von *last in, first out (LIFO)*. Im Gegensatz dazu gilt bei
    Warteschlangen (*queues*) die Regel: *first in, first out (FIFO)*.

Beispiel für eine Kellerstruktur:

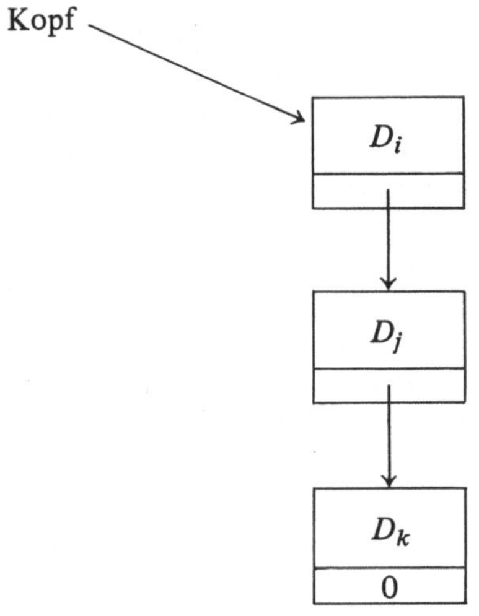

Aufgaben:

1. Wie muß ein Programm arbeiten, das beim Hochfahren eines Rechners prüft, ob die Verkettung einer Liste formal korrekt ist? Wie geschieht die Reparatur?
2. Wie verwaltet man einen Keller mit einem Programm?

3.3 Bäume, Netze und Listen

Lineare Listen bieten gute Möglichkeiten, eine große Zahl von Datensätzen, die alle denselben Aufbau haben, als eine Einheit (z.B. Datei) zu organisieren. Sie bieten aber keinen eleganten Weg, um Datensätze unterschiedlicher Satzarten zu verknüpfen. Im Falle des Dateikatalogs (Beispiel (3) des vorigen Kapitels) wurde auch dieses Problem mit Hilfe linearer verketteter Listen gelöst. Grundsätzlich läßt die dort vorgestellte Vorgehensweise mit Zeigern auch eine Verallgemeinerung zu. Was daran stört ist jedoch, daß immer von einer Realisierung dieser Zuordnung zwischen den Sätzen der unterschiedlichen Satzarten durch Pointer ausgegangen werden muß. Diese Zuordnung kann aber auf viele Arten organisiert werden. Deshalb sollte ein Darstellungsmittel vorhanden sein, das ausreichend abstrakt ist. Dieses Mittel verwendet man auch in der organisatorischen Darstellung von Organisationen mit Hilfe von sog. Organigrammen. Es ist die Baumstruktur, kurz der Baum.

Ein Unternehmen sieht dabei vereinfacht etwa so aus:

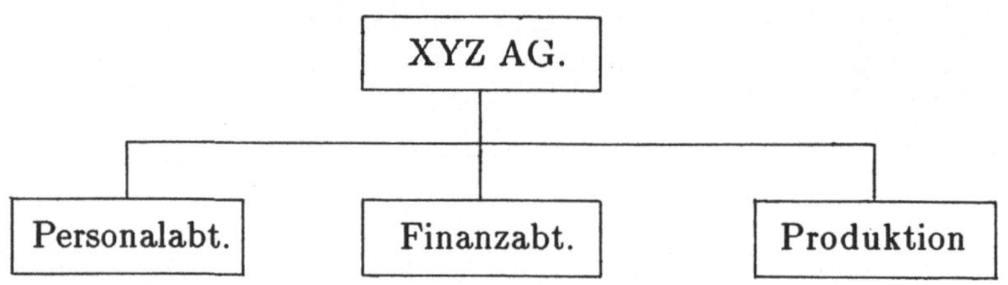

Abb. 3: Beispiel für eine Baumstruktur

Den Abteilungen nachgeordnet sind Arbeitsgruppen und schließlich einzelne Mitarbeiter. So entsteht ein Bild, das entfernt an einen auf dem Kopf stehenden Baum erinnert.

In der Informatik spielt die Frage, wie ähnlich ein graphentheoretisch definierter Baum mit einem Baum in freier Natur ist, natürlich keine Rolle. Es interessieren nur formal definierte Eigenschaften des Baumes. Sie kommen in der folgenden rekursiven Definition zum Ausdruck. Um das Verständnis rekursiver Definitionen zu erleichtern, wird die damit verbundene Denkweise nachfolgend an einem einfachen Beispiel erklärt.

Ziel sei, ausgehend von den Begriffen `Lokomotive` und `Wagen`, einen Zug zu definieren. Die Definition lautet dann folgendermaßen:

Ein **Zug** *ist entweder eine* **Lokomotive** **oder**

eine Aneinanderreihung von **Zug** *und* **Wagen.**

Wie geht man hier vor? Solange diese Definition eines Zuges unklar ist, weiß man nur: Ein Zug ist eine Lokomotive. Also hat man bereits ein Beispiel für einen Zug:

    1. Zug: **Lokomotive**

Damit wird auch der zweite Teil der Definition verwendbar: Ein Zug ist eine Aneinanderreihung von Zug und Wagen.

    1. Zug: **Lokomotive**

    2. Zug: **Lokomotive Wagen**

Verwendet man jetzt immer nur den zweiten Teil der rekursiven Definition des Zuges, dann wird klar: jedesmal wird einfach ein weiterer Wagen angehängt. Folglich ist aufgrund dieser Definition ein Zug entweder eine Lokomotive oder eine Lokomotive mit n Wagen.

Bei der Definition eines Baumes verwendet man ebenfalls eine Rekursion:

Ein Baum (*tree*) ist eine endliche Menge verbundener Informationselemente (Knoten) mit folgenden Eigenschaften:

1. Es gibt genau einen Wurzelknoten (*root*).
2. Nimmt man vom Baum den Wurzelknoten weg, dann zerfallen die restlichen Teile in $n \geq 0$ unterschiedliche und sich nicht überschneidende (disjunkte) Mengen von Knoten, von denen jede Menge wieder einen Baum darstellt.

Bei dieser Definition kann man den Baum nicht so wie den Zug fortlaufend aufbauen, um dann zu sehen, ob ein vorhandenes Gebilde dem definierten entspricht. Hier muß man vielmehr einen vorhandenen Graphen zerlegen und prüfen, ob bei jeder Wegnahme des obersten Knotens Teile entstehen, die den Punkten 1. und 2. der Definition entsprechen. Bei den nachfolgenden allgemeinen Bäumen ist das leicht auszuprobieren.

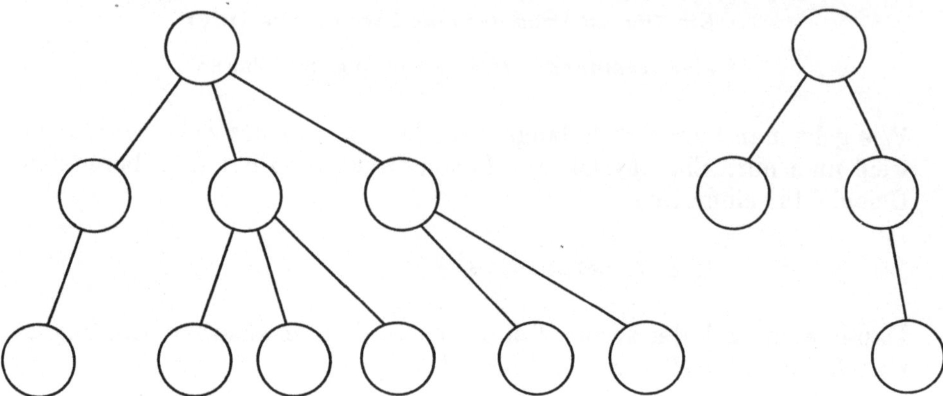

Abb. 4: Beispiele für Bäume

Im Zusammenhang mit Bäumen gibt es noch einige Begriffe, die man
wissen muß: Die Striche zwischen zwei Knoten, die oben als Kreise
dargestellt sind, heißen Kanten. Der höherliegende Knoten heißt Vor-
gänger (*parent*), der nachgeordnete Knoten heißt Nachfolger (*child*). Ein
Binärbaum ist ein Baum, bei dem jeder Knoten 0 bis 2 Nachfolger hat.

Beispiel für Binärbäume:
(Wichtig ist dabei zu wissen, daß es nicht gleichgültig ist, ob ein Nachfolger linksseitig oder rechtsseitig ist. Allerdings sind das schon Feinheiten,
die zum Verständnis der Datenbanken nicht erforderlich sind.)

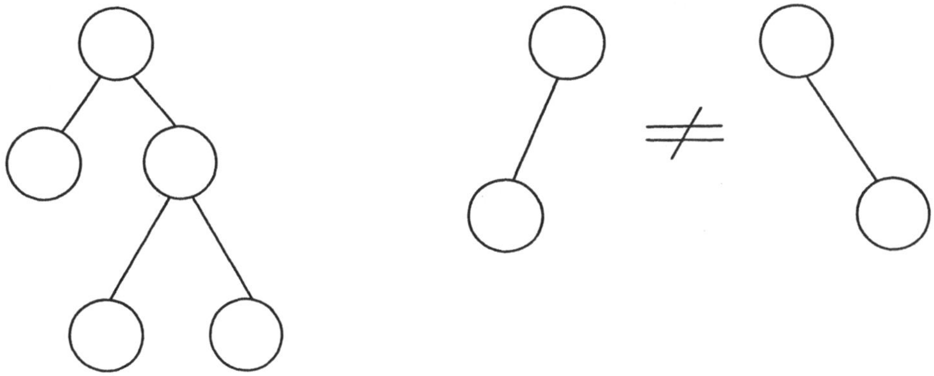

Abb. 5: Unterschiedliche Binärbäume

Beispiel für eine in der Praxis vorkommende Datenstruktur, die ebenfalls
ein Baum ist:

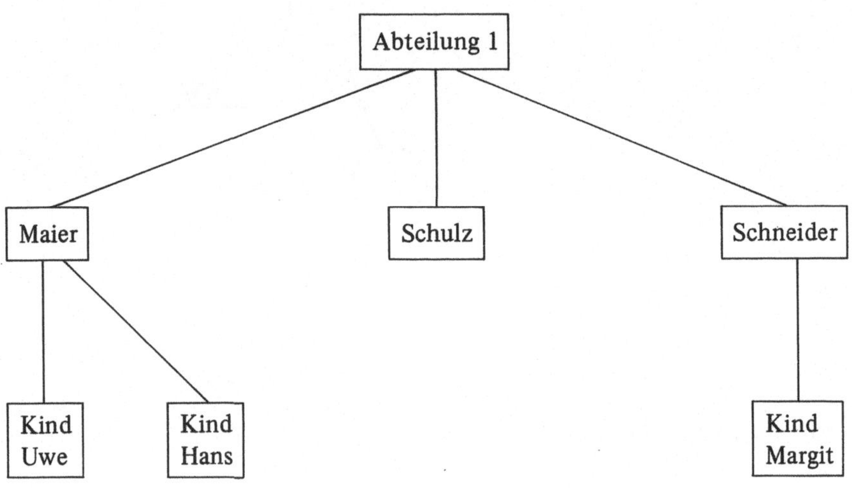

Abb. 6: Personaldaten als Baumstruktur

Bäume erlauben also, auch komplexere Strukturen in ihrer Gesamtheit
zu beschreiben, was mit linearen Listen nicht möglich ist. Das wird ganz
deutlich am Anwendungsbeispiel (3) in Kapitel 3.2. Das dort mit Hilfe
mehrerer verketteter Listen dargestellte Verzeichnis von Dateibeschreibungen ist ein Baum.

Wenn man in der Praxis Datenstrukturen untersucht, versucht man
notgedrungen erst Teile eines zu automatisierenden Bereichs mit Hilfe
von Datenstrukturen zu beschreiben, bevor man die gesamte Beschreibung angeht. Weil außerdem auch bei den Datenbankmodellen komplizierte Strukturen immer aus einer Aneinanderreihung (*Superposition*)
einfacher Strukturen gebildet werden, spielt ein einstufiger Baum eine
besondere Rolle. Er hat eine Wurzel, die nur eine Ebene mit n Nachfolgerknoten hat. Man nennt eine solche Beziehung zwischen einem
Wurzelknoten und n Nachfolgerknoten deshalb oft auch eine 1:n-Bezie-

hung, falls die Nachfolgerknoten denselben Aufbau haben. Im CODA-SYL-Modell heißt der Knoten auch *Owner* und die Nachfolgerknoten — falls sie dieselbe interne Datenstruktur (dieselben Datenfelder) haben —, *Member*. 1:n-Beziehungen nennt man auch Set.

Das Beispiel mit den Dateibeschreibungen läßt sich gleich noch verallgemeinern: Baumstrukturen lassen sich durch verkettete Listen darstellen. Wie man die Verkettung dann tatsächlich durchführt, hängt sehr stark vom jeweiligen Anwendungsfall ab. Es gibt durchaus auch noch andere Methoden, Bäume auf einer EDV-Anlage zu realisieren. Die Verwendung verketteter Listen ist neben dem Aufbau von Indexstrukturen (vgl. Kap. 4) jedoch die weitaus gebräuchlichste. [1]

Das Gesagte läßt sich an folgendem Beispiel vertiefen: Die Zugehörigkeit von Mitarbeitern eines Unternehmens zu Abteilungen soll mit Hilfe von verketteten Listen dargestellt werden. Dabei sollen zu den Mitarbeitern auch die Daten ihrer Kinder gespeichert werden. Die jeweiligen Datensätze werden mit *Kopf* (für den Ausgangspunkt der gesamten Datenstruktur), *Abteilung* 1, 2,..., sowie mit konkreten Mitarbeiternamen und Kindernamen bezeichnet. Pfeile bedeuten Pointer; Punkte in Datenfeldern, in denen Pointer vorkommen dürfen, heißen "unbelegtes Feld" oder "Ende einer linearen Liste". In der Praxis erhält der Pointer dann oft den Wert Null.

Dabei muß es ein zusätzliches Ziel sein, pro Knoten mit zwei Pointern auszukommen. Je weniger Pointer vorkommen, umso schneller ist hinterher die Anwendung.

Die Lösung dieser Aufgabe ist in Abb. 7 dargestellt.

---

[1] Wer sich hierüber detaillierter informieren will, ist auf die Bücher von G. Wiederhold und C.J. Date (vgl. Literaturverzeichnis) verwiesen.

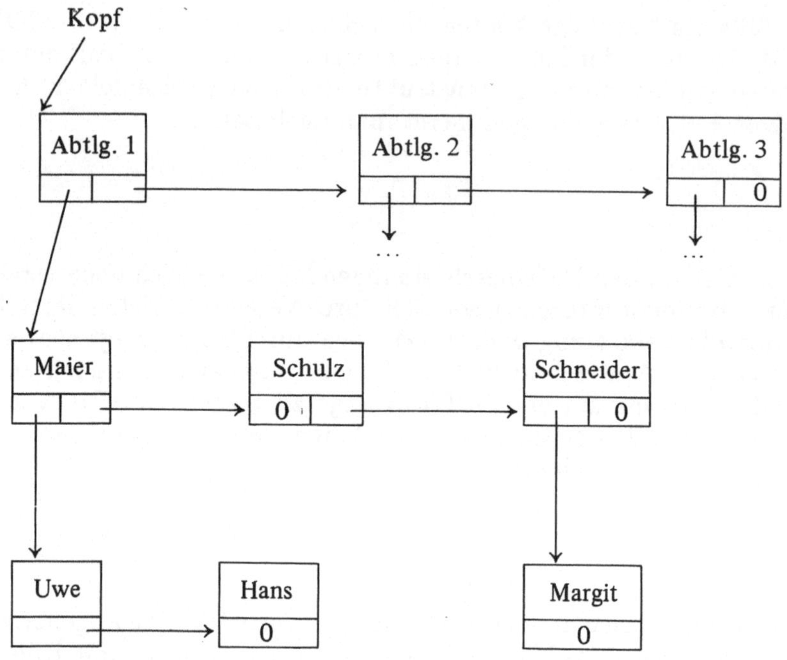

Abb. 7: Realisierung eines Baums mit Zeigern

Die Baumstruktur reicht nicht aus, um alle Anwendungsprobleme der Praxis zu beschreiben. So kann man damit die Tatsache, daß ein Student mehrere Kurse und jeder Kurs mehrere Studenten haben kann, nicht darstellen. Der dazu erforderliche Graph sieht nämlich so aus:

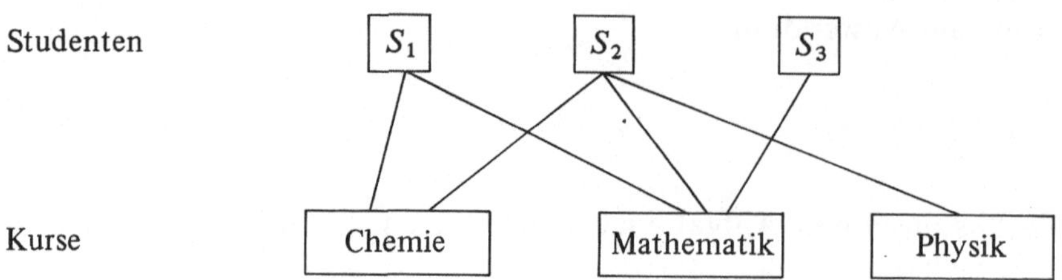

Abb. 8: Einfache Netzstruktur

Derartige Graphen heißen **Netze**. Einfache Netze, und nur die sind hier interessant, stellen keine 1:n-Beziehung, sondern eine n:m-Beziehung zwischen zwei Knoten dar. So kann ein Student n Kurse belegen und ein Kurs m Studenten umfassen. Ein anderes Beispiel ist die Zuordnung von Handelsartikeln zu Kunden: ein Artikel kann von n Kunden bestellt werden; ein Kunde kann m Artikel bestellen.

Eine allgemeine Untersuchung von Netzen ist hier, wie gesagt, nicht notwendig. Wichtig ist jedoch, die Methode zu kennen, mit der man die in der täglichen EDV-Praxis auftretenden Netze in mehrere Bäume überführt. Dadurch erreicht man u.a. eine Vereinfachung der Pointerstruktur, die sich als Performancegewinn niederschlägt. Die Methode zur Umgestaltung der Netze besteht darin, daß man künstlich einen neuen Knotentyp einführt. Im Fall der Zuordnung von Studenten zu Kursen wird zu diesem Zweck der Knoten "Kurseintrag" definiert.

Damit entsteht folgender Graph:

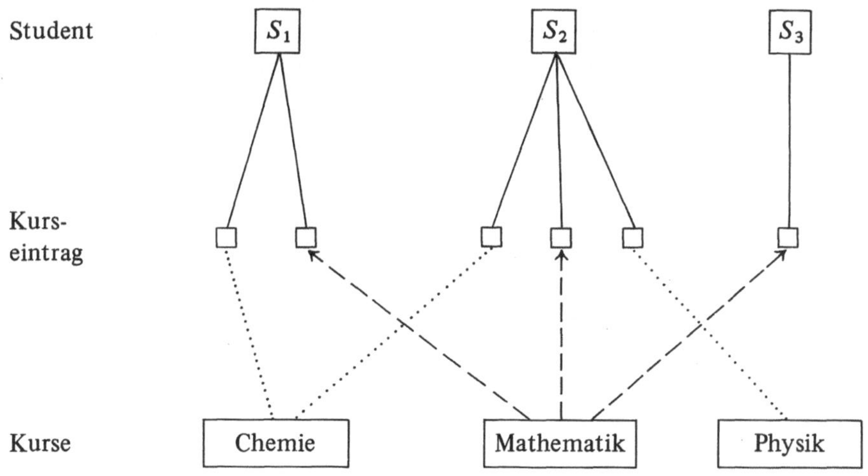

Abb. 9: Darstellung eines einfachen Netzes durch zwei Bäume

Man hat jetzt erreicht, daß jeder Kurs und jeder Student als Wurzel eines Baumes gesehen werden kann, der als Knoten die Kurseinträge hat. Wenn man alle Studenten in einem Baum und alle Kurse in einem anderen zusammenfaßt, entstehen insgesamt nur zwei Bäume. Einer davon steht auf dem Kopf. Auch das zeigt, daß die Bezeichnung n:m-Beziehung

solche einfache Netze ganz gut beschreibt: sie bestehen nämlich aus einer
1:n- und einer 1:m-Beziehung.

Unabhängig davon, für welches Datenbankmodell man sich für die prak-
tische Arbeit einmal entscheidet, diese Technik ist in jedem Fall für die
Konzeption der Datenbankstruktur sehr wichtig.

Es gibt noch eine weitere Datenstruktur, die sich mit den bislang besprochenen Mitteln nicht beschreiben läßt. Diese Struktur spielt zwar keine
große Rolle bei der Konzeption von Datenbanken. Wer sie kennt, wird
jedoch vor einer Reihe vermeidbarer Fehler bei der Datenbankkonzeption bewahrt. Nach einer solchen Datenstruktur ist beispielsweise eine
einfache Rechnung aufgebaut. Um zu sehen, daß sie der formalen Definition eines Baumes nicht genügt, wird nachfolgend ein Rechnungstext
und der zugehörige Graph beschrieben:

       Rechnung vom 12.8.1987
1. Lieferung am 27.7.87
   2 Filme 24x36
   1 Bilderrahmen
   1 l Entwickler
2. Lieferung am 4.8.1987
   3 Filme 24x36
   2 Bilderrahmen

    ....

Abb. 10: Datenanalyse einer Rechnung

Der dazugehörige Graph ist in Abb. 11 dargestellt.

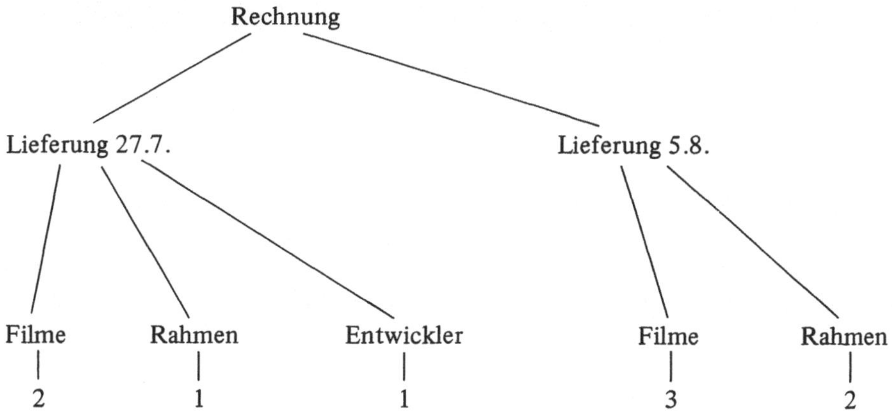

Abb. 11: Listenstruktur einer Rechnung

Dies ist keine Baumstruktur, weil dieselben Knoten an verschiedenen Stellen des Graphen vorkommen, die Teilstrukturen somit nicht, wie in der Definition des Baumes gefordert, disjunkt sind. Die hier dargestellte Rechnung ist vielmehr ein Beispiel für eine Datenstruktur, die man ebenfalls als **Liste** bezeichnet. Es handelt sich hier aber nicht um die bereits besprochene lineare Liste! Dies wird bei dem nächsten etwas abstrakten Beispiel besonders deutlich:

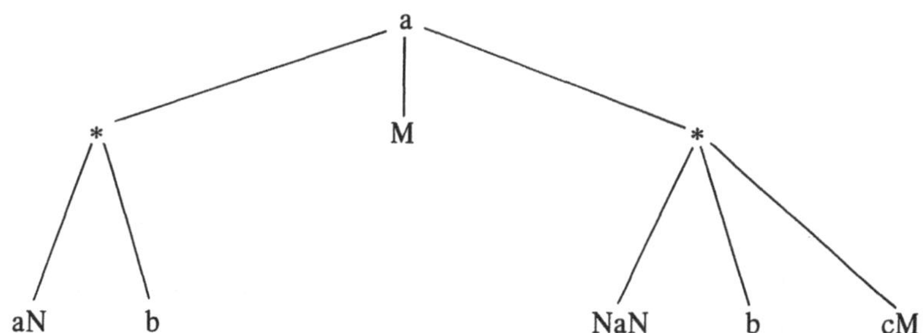

Abb. 12: Allgemeine Liste (= leerer Knoten)*

Dabei kann N = aab und M = babc sein.

In einer Relationenschreibweise sieht diese Liste folgendermaßen aus:

$$\Big(\; a \; ((aN)\,(b)) \; (M) \; ((NaN)\,(b)\,(cM)) \; \Big)$$

Aufgabe:
Die Knoten einer Liste sind mit fortlaufenden Nummern zu bezeichnen.
Wie kann man das Vorgehen bei der Umsetzung des List-Graphen in die
Relationenschreibweise deutlich machen? Wie könnte man die Knoten
von Listen und Bäumen sonst noch numerieren?

4 Indexsequentielle Organisation

Was eine indexsequentielle Organisation ist, wurde bereits in Kap. 3.1 am Beispiel des Telefonverzeichnisses besprochen. In der EDV verwendete man die indexsequentielle Datenorganisation lange Zeit, bevor es Datenbanksysteme gab. Ziel war dabei, die nach bestimmten Kriterien geordneten Datensätze einer Datei anhand eines Suchkriteriums (Schlüssel, Key, Ordnungskriterium) möglichst rasch in einer Datei zu finden. Beispielsweise können die Datensätze Bankkonten sein, die Ordnungskriterien sind "Name des Bankkunden" oder "Kontonummer". Ein Suchkriterium könnte "Maier, Uwe" oder "1307209" sein. Suchkriterium kann also immer nur ein durch einen bestimmten Wert konkretisiertes Ordnungskriterium sein. Das Ordnungskriterium (Ordnungsmerkmal), nach dem man suchen will, muß beim Einrichten und Aufbau einer indexsequentiellen Datei bereits festgelegt werden. Dies geschieht, indem man einzelne Datenfelder des Datensatzes dieser Datei als Schlüssel festlegt. Jedes Ordnungsmerkmal (Schlüssel) einer indexsequentiellen Datei muß also üblicherweise im Datensatz selbst vorkommen.

Während des erstmaligen Aufbaus (sog. Laden) der indexsequentiellen Datei (kurz: ISAM-Datei) baut man dann in Baumstruktur ein Schlüsselverzeichnis auf, das den gewünschten schnellen Zugriff auf die Daten erlaubt. Dieses Schlüsselverzeichnis wird anschließend laufend fortgeführt und aktualisiert.

Früher war die Struktur des Schlüsselverzeichnisses sehr stark am technischen Aufbau einer Magnetplatte orientiert. Es entstanden damals Zylinder- und Spurindizes mit komplizierten — aber zweifellos effizienten — Verwaltungsmethoden.[1] Die nachfolgende Darstellung konzentriert sich auf logische Indizes. Diese Struktur ist z.B. bei VSAM [2] oder beim ISAM des BS 2000 üblich. Grundlage für diese logische Datenstruktur ist eine Formatierung der Magnetplatten in Datenblöcke fester Länge (2KB, 4KB usw.). In diese Datenblöcke (*container, buckets*) werden die Datensätze gespeichert. Wie das im einzelnen geht, ist abhängig vom Betriebssystem und soll hier nicht weiter diskutiert werden. Wichtig ist nur, daß in solchen Datenblöcken ein oder mehrere Datensätze gespeichert werden können.

---

[1] Wer sich darüber genauer informieren will, wird auf David Krönke, Database Processing, Science Research Associates Inc,. 1977 verwiesen.

[2] VSAM ist eine Bezeichnung für eine Dateiorganisation bei IBM-Betriebssystemen.

Die nachfolgende Darstellung beschränkt sich weiter auf die Indexstrukturen, die heute weitgehend zur Anwendung kommen. Es handelt sich dabei um die sog. B-Bäume (Bayer-Bäume). Sie erlauben eine effiziente Nutzung der aktuellen Hardware-Architekturen, bei denen blockweise Daten zwischen Magnetplatten (neuerdings auch optischen Platten) und dem Hauptspeicher des Rechners übertragen werden.

Diese B-Bäume bestehen aus zwei Typen von Datenblöcken: Indexblöcke und Datenblöcke. Wie Abb. 13 zeigt, sind die Datenblöcke die Endknoten eines solchen B-Baums.

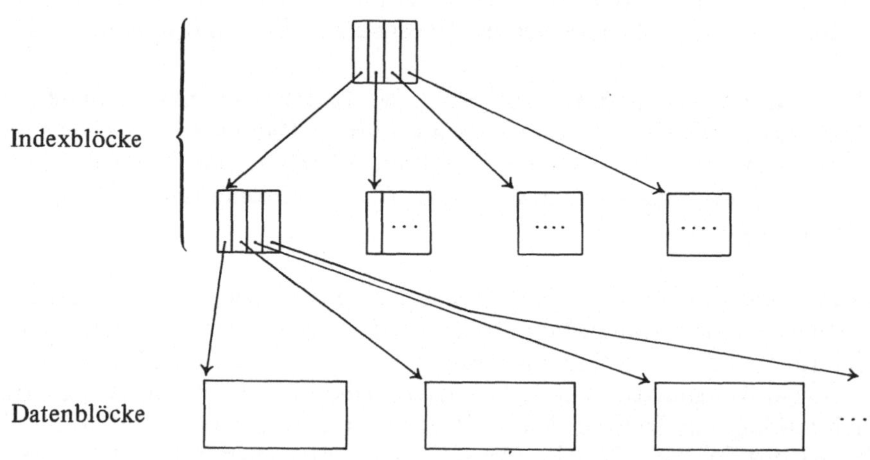

Abb. 13: Struktur eines B-Baums

Nachfolgend ist eine Indexdatei mit einem zwei Zeichen langen Schlüssel, den beiden Anfangsbuchstaben beliebiger Substantive, dargestellt:

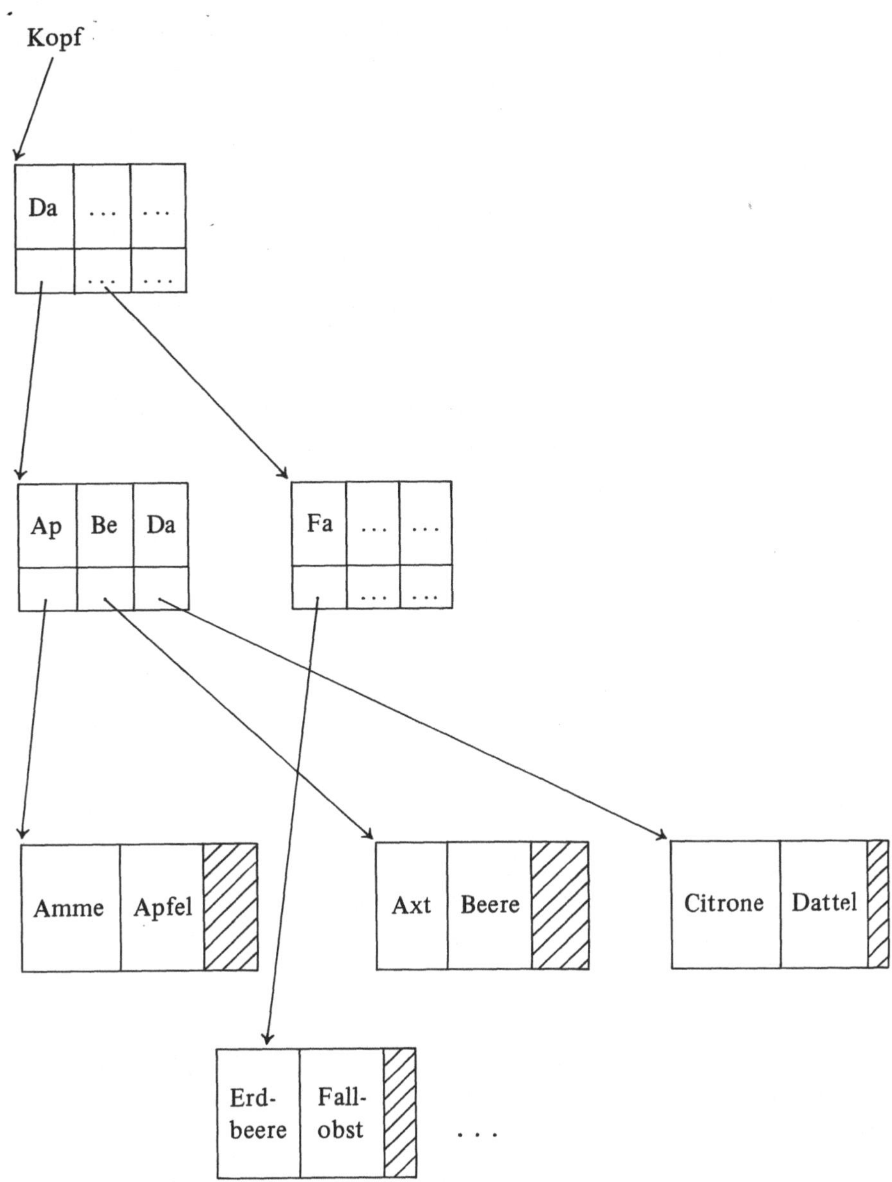

Abb. 14: Beispiel für eine als B-Baum realisierte Indexdatei

Um diese Struktur zu verstehen, muß man folgendes wissen:

* Datensätze sind nur in den untersten Knoten des Baumes in voller Länge gespeichert.

* Alle Knoten, die keine untersten Knoten sind, heißen Indexblock und enthalten nur Datenelemente der Form
  (Schlüssel, Pointer).

* Alle Datenelemente aller Knoten sind aufsteigend sortiert. Dazu ist eine Ordnung O vorgegeben. O ist im Beispiel die alphabetische Ordnung.

* Der Inhalt der Datenelemente (Schlüssel, Pointer) wird nach folgender **Regel** festgelegt:

  (R1) Für jeden Knoten des Baumes gibt es in genau einem Vorgängerknoten ein und nur ein Element (Schlüssel,Pointer), bei dem der Pointer auf den Knoten zeigt.

  (R2) Der Schlüssel des Datenelements von (R1) ist dabei der im Sinne der Ordnung O größte Schlüsselwert, der in dem Knoten tatsächlich vorkommt, auf den der Pointer zeigt.

* Der Schlüssel muß nicht unbedingt für jeden Satz eindeutig sein. Ein eindeutiger Schlüssel ist jedoch oft eine große Erleichterung.

Damit läßt sich auch beschreiben, wie ein Datensatz in der ISAM-Datei möglichst effizient gesucht werden kann. K sei das Suchkriterium. Die Suche verläuft dann so:

* Gehe vom Kopfelement in die erste Indexstufe.

* Suche dort den ersten Schlüssel S, für den $S \geq K$ gilt. Lese den zugehörigen Pointer P.

* Lese den Block, auf den P zeigt. Das kann ein Index- oder Datenblock sein. Ist es ein Indexblock, dann führe den vorhergehenden Schritt nochmals durch. Wenn es ein Datenblock ist, dann suche darin einen Datensatz mit dem Ordnungsmerkmal (=Schlüsselwert S_0 , so daß $S_0 = K$. Falls dieser Datensatz existiert: Übergebe ihn dem Anwender. Andernfalls ist eine Fehlermeldung auszugeben.

Anzumerken ist noch, daß üblicherweise innerhalb jedes Daten- und Indexblocks zwei verkettete Listen realisiert sind: die Freiplatzverwaltung für den leeren Teil des Blocks und die Liste der gültigen Datenelemente (Schlüssel, Pointer) bzw. der gültigen Datensätze. Diese letztere Liste ist im Sinne der Ordnung O verkettet. Die Datenelemente muß man dann nicht im Sinne der Ordnung O hintereinander im Block ablegen. Auf diese Weise spart sich der Rechner das ständige Hin- und Herschieben der Datenelemente bei Aktualisierungsoperationen (Löschen, Einfügen, Ändern).

Selbstverständlich sind **mehrere Schlüssel** für eine Datei möglich: so kann der Name als erstes Suchkriterium und die Kontonummer als zweites Suchkriterium verwendet werden. Für das Einrichten der Datei hat dies zur Folge, daß ein Schlüssel als Primärschlüssel und die anderen als Sekundärschlüssel zu definieren sind. Der Primärschlüssel ist zweckmäßigerweise pro Datensatz eindeutig, muß es aber nicht sein. Er sollte etwa so wie eine Kontonummer in dem gesamten Datenbestand nur einmal auftreten. Mit diesem Primarschlüssel baut man die bereits beschriebene Indexstruktur auf.

Zusätzlich zu der Indexstruktur des Primärschlüssels wird eine zweite Indexstruktur, die auch eine zweite separate Indexdatei sein kann, für den Sekundärschlüssel aufgebaut. Diese Indexdatei hat genau so viele Datensätze, wie die Indexdatei mit dem Primärschlüssel. Die Datensätze dieser zweiten Indexdatei bestehen jedoch aus Datensätzen mit folgendem Inhalt:

(Sekundärschlüssel des Datensatzes S, Primärschlüssel von S),

wobei S ein Datensatz der Hauptdatei ist, die nach Primärschlüsseln organisiert ist.

Die Indexblöcke haben Datenelemente der Form

(Sekundärschlüssel, Pointer),

wobei die Regeln (R1) und (R2) gelten.

Man erkennt hier den Vorteil eines eindeutigen Primärschlüssels: Bei einem Zugriff über einen Sekundärschlüssel wird gleich auf den richtigen Satz verwiesen. Ist diese Eindeutigkeit nicht gegeben, dann müssen alle Sätze, die denselben Primärschlüssel haben und auf die so verwiesen wird, sequentiell durchsucht werden. Obwohl es umständlich aussieht, gibt es manchmal gute Gründe für eine solche Lösung.

Hier stellt sich die Frage, wieso man nicht dieselbe Technik wie bei den Primärschlüsseln verwendet. Aus folgenden Gründen verweisen Sekundärschlüssel über den Primärschlüssel auf die Datensätze und nicht über die Plattenadresse der Datenblöcke, wie dies beim Primärschlüssel gemacht wird.

* Verlagerungen eines Datensatzes von einer physikalischen Plattenadresse zu einer anderen wirken sich nur auf die Primärindexstruktur und nicht auch auf die Sekundärindexstrukturen aus. Solche Verlagerungen kommen immer wieder vor (s.u.: Block Splitting).

* Der Aufbau und die Aktualisierung einer Indexstruktur ist aufwendig. Deshalb wird oftmals tagsüber, wenn der Rechner bis zur Leistungsgrenze ausgelastet ist, nur der Primärindex aktualisiert. Die Sekundärindizes aktualisiert man nachts im Batch, wenn die

Anlage weniger belastet ist. Würde man die Sekundärindizes nicht über Primärschlüssel verwalten, dann könnte man sie tagsüber nicht in vollem Umfang zur Abfrage der bis zum Vorabend erfaßten Daten verwenden. Datensatzverlagerungen würden nämlich den Zugriff zu einem in Laufe des Tages ständig steigenden Prozentsatz verhindern.

Die **Suche mit Sekundärschlüsseln** erfolgt in 2 Stufen:
K sei das Suchkriterium.

* Suche in der Sekundärindexdatei den Datensatz, in dem der Sekundärschlüssel gleich K ist. Gibt es diesen Datensatz nicht, dann war die Suche erfolglos; der gesuchte Datensatz ist in der Hauptdatei nicht gespeichert. Falls der Datensatz mit Sekundärschlüssel des Inhalts K vorhanden ist, wird der gefundene Datensatz
  (K,Primärschlüssel zu K)
  gelesen.

* Gehe mit dem in Schritt 1 gefundenen "Primärschlüssel zu K" in die nach Primärschlüsseln indizierte Datei und hole so den dazu gehörigen Datensatz.

Mehrere Sekundärindizes und folglich auch mehrere Sekundärindexdateien sind möglich. Diese Sekundärindizes nennt man aufgrund ihres Aussehens auch **invertierte Listen** .

Die Beschreibung des Suchvorgangs zeigt, daß die Suche über den Sekundärschlüssel zwar schneller als eine sequentielle Suche ist, daß aber dennoch sehr viele Lesezugriffe auf die Magnetplatte notwendig sind. Dies führt zu einer Wartezeit für den Anwender. Diese Wartezeit mag bei der Abfrage noch akzeptiert werden können, bei Aktualisierungsvorgängen (*update*) übersteigt sie aber relativ schnell jedes erträgliche Maß. Der Grund ist, daß bei Updates insb. bei Einfügungen sämtliche Indexdateien aktualisiert werden müssen. Weil das bei vielen Systemen nacheinander und nicht zeitlich parallel in asynchronen Prozessen geschieht, addieren sich die Wartezeiten. Es gibt kaum ein System, das bei 6 und mehr Indizes noch gute Antwortzeiten bietet.

Diese Performanceüberlegungen sind noch zu vertiefen. Der Grund ist, daß Indexdateien bei vielen Einfügungen irgendwann in den Datenblöcken keinen Platz mehr für die neu hinzukommenden Sätze haben. Dem wird zwar beim Laden der Indexdatei i.d.R. vorgesorgt, indem ein bestimmter, durch Ladeparameter festlegbarer Prozentsatz der Datenblöcke leer

bleibt. Trotzdem kommt irgendwann an irgendeiner Stelle der Indexdatei der Fall des Datenüberlaufs. Die verschiedenen Dateiverwaltungs-
systeme behandeln ihn unterschiedlich. Manche suchen für den überlau-
fenden Datenblock einen Zusatz-Datenblock (Erweiterungsblock) und
verketten ihn mit dem/den bereits vorhandenen Datenblöcken. Der
beim Laden angelegte Datenblock und seine $n = 1, 2, 3...$ Erweiterungs-
blöcke bilden dann eine i.d.R. doppelt verkettete Liste. Innerhalb dieser
linearen Liste von Blöcken (= Knoten) sind die Datensatze gemäß der
Ordnung O verkettet. Einfach an dieser Technik ist, daß die ursprünglich
angelegte Indexstruktur nicht verändert werden muß. Der Nachteil ist,
daß vor allem bei Indexbereichen, in denen es zu sehr vielen Einfügungen
kam, die indexsequentielle Organisation nach und nach in eine lineare
Liste übergeht. Das war aber eigentlich nicht das ursprüngliche Ziel.
Eine bessere Technik ist folgende: Soll in einen Datenblock ein Datensatz
entsprechend der Ordnung O eingefügt werden und ist kein Platz mehr
vorhanden, dann wird ebenfalls ein leerer Block beschafft. Aber jetzt
wird der Inhalt des ursprünglich vorhandenen Datenblocks aufgeteilt
auf die beiden Blöcke (*block splitting*). Für die beiden so neu entstandenen Datenblöcke wird der jeweils höchste Primärschlüssel S_1 und S_2
bestimmt. Diese Schlüssel werden zusammen mit den Blockadressen P_1
und P_2 als (S_1, P_1) und (S_2, P_2) in die Indexknoten eingefügt. Reicht
dabei auch bei einem Indexknoten der Platz nicht mehr aus, denn werden auch die Indexblöcke einem Block-Splitting-Prozess unterzogen.
Dieses Verfahren stellt sicher, daß die Indexorganisation ständig vollständig fortgeschrieben wird. Reorganisationsläufe zur Optimierung der
Speicherstruktur sind dann nur noch in großen Zeitabständen notwendig.
Nach diesem Block-Splitting-Konzept arbeitet beispielsweise das ISAM
des BS 2000.

Aufgaben:

1. Wenn während eines Block-Splittings ein Rechnerhalt auftritt, ist
   die Indexstruktur auf der Platte zerstört. Was muß ein Reparatur-
   programm machen, damit beim Hochfahren des Rechners der Fehler
   erkannt und behoben wird?

2. Um Wartezeiten bei Einfügungen in Dateien mit vielen Sekundärindizes zu reduzieren, kann man festlegen, daß nur der Primär-
   und ein oder zwei wichtige Sekundärschlüssel fortgeschrieben werden. Die anderen Sekundärindexdateien läßt man unverändert.
   Bei welcher Anwendung könnte das sinnvoll sein? Wie und wann
   kann und soll man sämtliche Sekundärindexdateien auf einen aktuellen Stand bringen?

Hier wurde die indexsequentielle Organisation anhand der herkömmlichen ISAM-Dateien besprochen. Diese Organisationsform wird jedoch auch bei allen Datenbanksystemen, die hier noch besprochen werden, angewendet.

Anzumerken ist noch, daß die in Kap. 3.2 besprochenen Pointer Arrays auch als 1-stufige Indexstrukturen angesehen werden können.

5 Grundsätzliche Vorbemerkung zu den Datenbankmodellen

Je komplizierter die Datenstrukturen werden, umso wichtiger ist es, die verschiedenen Aspekte des Problems Datenverwaltung zu unterscheiden. Bereits die Diskussion der indexsequentiellen Organisation zeigt, daß es zweckmäßig ist, folgende Aufgaben einer Datenverwaltung zu analysieren:

(1) Definition der Datenstruktur

(2) Festlegung der Operationen, die mit den Daten möglich sind

(3) Festlegung der Speicherstruktur, d.h. der Anordnung und der Adressierung auf der Magnetplatte.

Teilweise entwickelte man sogar besondere Computersprachen, um diese Problembereiche jeweils anwendungsbezogen programmieren und so lösen zu können: Für (1) gibt es *Data Definition Languages (DDL)*, für (2) *Data Manipulation Languages (DML)* und für (3) gibt es die *Storage Structure Languages (SSL)*.

Die DDL erlaubt üblicherweise auch die Definition einer eingeschränkten Sicht (*view, sub-schema*) auf die Datenbank. Das ist sozusagen ein Fenster, mit dem der Datenbankadministrator sicherstellt, daß jeder Benutzer nur die Datenfelder sehen und auf die Datenfelder zugreifen kann, die er tatsächlich für seine Arbeit braucht. Solche Beschränkungen sind notwendig, weil in der Praxis kaum ein Benutzer einer Datenbank **alle** darin gespeicherten Daten kennen darf. Betriebsgeheimnisse, Datenschutzvorschriften und andere Regelungen verwehren ihm das.

Bisher wurde schon streng zwischen einer Datenstruktur oder einem Datentyp und einer Realisierung dieser abstrakten Strukturen unterschieden. Um diese Unterscheidung noch deutlicher zu machen, wird später auch der Begriff eines Schemas oder Subschemas sowie der Begriff Occurrence gebraucht. Unter Schema, Subschema usw. versteht man dabei immer die Struktur. Demgegenüber ist eine Occurrence immer eine ganz konkrete Information, die eine bestimmte Struktur hat. Ein Schema wäre also etwa die Datumsstruktur

$$\textbf{datum} = \textbf{tt.mm.jjjj.}$$

Eine Occurrence von **datum** ist dann "24.12.1988", also ein ganz bestimmter Weihnachtstag. Eine andere Occurrence derselben Struktur ist Silvester "31.12.1988".

TEIL II PROGRAMMIERHAND-
BUCH FÜR SQL

6 Relationale Datenbankmodelle

Eine kurze Darstellung der Idee, die zu dem relationalen Modell geführt hat, und des mathematischen Hintergrunds erleichtert sicher das Verständnis relationaler Datenbanken. Wer allerdings auf mathematische Formalismen lieber verzichtet, kann die entsprechenden Passagen im folgenden Kapitel auch überspringen.

6.1 Grundlagen

In der Mathematik ist eine Relation R eine Beziehung zwischen den Elementen einer Vielzahl von Mengen $M_1,...M_n$. Diese Relation ist selbst wieder eine Menge. Man sagt dazu auch: R ist eine Abbildung der Mengen $M_1...M_i \longrightarrow M_{i+1}...M_n$
und schreibt:

$$R: M_1 \times M_2 \times ...M_i \longrightarrow M_{i+1} \times M_{i+2} \times ...M_n$$

oder:

$$R \subseteq M_1 \times ... \times M_n = \left\{(x_1,...,x_n) \mid x_1 \in M_1 \wedge x_2 \in M_2 \wedge ... \wedge x_n \in M_n\right\}$$

Diese Schreibweise legt bereits die Darstellung nahe, die heute zur besseren Anschaulichkeit bei allen relationalen Datenbanksystemen üblich ist: die Tabelle.

Beispiel:

Tabelle Personal:

Name	Geb.-datum	Personalnr.	Aufgabe	Gehaltsstufe
Schneider	22.07.45	123978	Programmierer	2
Theissen	01.12.52	452313	Beratung	2a
Schüler	08.02.47	911025	Verkauf	1
...	...	...	...	...

Die Mengen $M_1, \ldots M_n$ sind in diesem Beispiel die Spalten der Tabelle, wobei:

M_1 = Menge aller überhaupt nur denkbaren Namen

M_2 = Menge aller korrekten Datumsangaben

M_3 = Menge aller 6-stelligen Zahlen

M_4 = Menge aller in einem bestimmten Unternehmen überhaupt möglichen Aufgabenbezeichnungen

M_5 = Menge aller im jeweiligen Anwendungsfall definierten Gehaltsstufen,
z.B. 4,3,2,2a,1,1a,0 = außertariflich.

In der Literatur bezeichnet man die Spalten auch als Attribute oder Merkmale der Relation. Diese Bezeichnung verwischt etwas die mathematische Konstruktion, denn man könnte meinen, mit Merkmal sei wie sonst ein möglicher Eintrag in die Spalte, also ein $x_i \in M_i$ gemeint. Das ist jedoch nicht der Fall. Merkmal und Attribut bezeichnen die Menge, die einzelnen Elemente daraus nennt man Werte. Deren Gesamtheit heißt dann auch Wertebereich des Merkmals oder Merkmalsausprägung. Künftig werden sie auch Tabelleneinträge genannt.

Relationen haben zwei wichtige Eigenschaften, die sich aus ihrer mengentheoretischen Definition ergeben:

(E1) Alle Zeilen einer Tabelle müssen sich unterscheiden.

(E2) Die Reihenfolge der Zeilen in einer Tabelle ist unwichtig.

Außerdem kommt bei dem relationalen Datenmodell noch eine weitere (dritte) Eigenschaft dazu:

(E3) Alle Attribute einer Relation müssen unstrukturierte Mengen sein.

Ein Attribut darf also nicht einmal die einfachste mögliche Struktur, eine lineare nicht-verkettete Liste, sein. Außerdem dürfen mehrere Attribute ein und derselben Relation zusammen keine lineare nicht-verkettete Liste darstellen. Die Regel (E3) ist jedoch notwendig, weil sonst die mit dem relationalen Datenbanksystem darzustellende Datenstruktur nicht nur aus Relationen bestünde, sondern vielmehr eine unsystematische Ansammlung verschiedenster Konstrukte wäre. Allerdings soll hierbei nicht verschwiegen werden, daß es Bestrebungen gibt, die durch die Regel (E3) vorgeschriebene Einschränkung in künftigen Systemen fallen zu lassen.[1]

---

[1] Eine ausführliche Darstellung künftig erforderlicher SQL-Funktionen im

Folgendes Beispiel wäre ein Verstoß gegen die Regel E3:

Angenommen, man möchte zu den Patienten einer Klinik die Diagnosen speichern. In dem Fall wäre der Aufbau einer einzigen Tabelle mit den Attributen "Patientenname", "Station", ... ,"Hauptdiagnose", "Nebendiagnose 1", "Nebendiagnose 2", "Nebendiagnose 3", usw. keine richtige Lösung. Die Nebendiagnosen hängen natürlich inhaltlich zusammen und bilden eine lineare Liste, die Teil der Tabelle ist. In Kap. 6.1.3 wird hierauf nochmals eingegangen.

Diese drei Eigenschaften relationaler Datenbanken bereiten vielen Programmierern und EDV-Anwendern bei der Konzeption ihrer Datenbank erhebliche Kopfschmerzen. Sie zwingen nämlich dazu, die Datenbankstruktur mit Hilfe der von Codd entwickelten Normalformenlehre in eine bestimmte logische Form zu bringen, die man die 3. Normalform nennt. Bevor hier dieser etwas mühsame formale Weg begangen wird, sollen die Ergebnisse der allgemeinen Untersuchung von Datenstrukturen aus Kap. 3 herangezogen werden. Dabei zeigt sich, daß man auf sehr einfache Weise die vom relationalen Datenbanksystem zur Lösung eines bestimmten Anwendungsproblems nötigen Relationen in ihrer richtigen Form erhält. Es reicht völlig, die in der Praxis wichtigen Datenstrukturen zu untersuchen:

* Baum,
* Netz,
* lineare Liste.

---

technischen Bereich enthält das Buch von Meier, A.: Erweiterung relationaler Datenbanksysteme für technische Anwendungen, Springer Verlag, 1987. Das Kap. 6.5 geht ebenfalls auf neue SQL-Funktionen ein, beschränkt sich aber nicht nur auf technische Anwendungen.

6.1.1 Darstellung der Baumstruktur

Beispielhaft soll von einer Set- bzw. einfachen Baumstruktur ausgegangen werden:

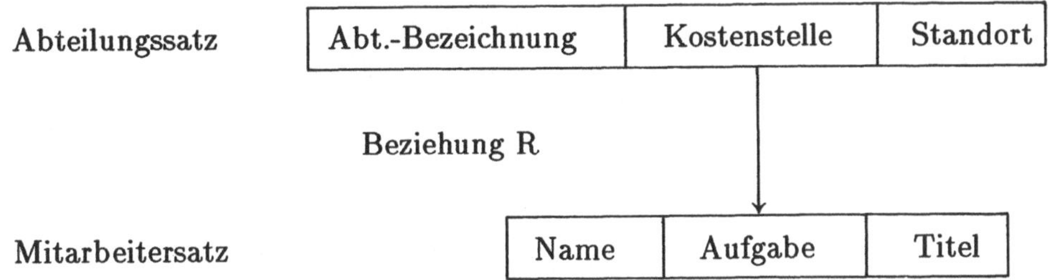

Der erste Gedanke ist sicher bei vielen, daraus eine einzige Tabelle zu machen. Sie hätte die Spalten Abt.-Bezeichnung, Kostenstelle, Standort, Name, Aufgabe, Titel. Das hätte folgende gravierenden Nachteile:

* Diese eine Tabelle würde sehr viel Information mehrfach abgespeichert enthalten; sie wäre in hohem Maße redundant. Dies wird deutlich, wenn man einmal annimmt, daß eine Abteilung 1000 Mitarbeiter hat. Die Einträge für die Abteilungsbezeichnung, die Kostenstelle und der Standort wären bei jedem Mitarbeiter vorhanden. Das rechtfertigt auch ein Hinweis auf die immer billiger werdenden Speichermedien nicht. Denn bei großen Datenbanken fällt der so vergeudete Platz immer noch ins Gewicht. Außerdem führt diese redundante Speicherung zu mehr Lese- und Schreibzugriffen als unbedingt notwendig mit der Folge, daß die Antwortzeiten katastrophal werden. Wer jemals als Anfänger auf einem PC einfach einmal anfing, unbefangen eine große Tabelle anzulegen, kennt das.

* Die logischen Abhängigkeiten der Felder wären unklar; erfahrungsgemäß rächt sich das während der Anwendung und der Weiterentwicklung.

* Es gibt noch einen weiteren Grund, der gegen die Bildung einer einzigen Tabelle spricht: In diese Tabelle könnten die Mitarbeiterdaten erst eingetragen werden, wenn alle Abteilungsdaten bekannt sind. Umgekehrt gilt dasselbe: Baut man eine neue Abteilung auf und ist erst auf der Suche nach Mitarbeitern, dann können noch keine Daten in die Datenbank eingegeben werden. Zudem: Werden im Rahmen einer Unternehmensumbildung alle Mitarbeiter einer Abteilung in eine andere versetzt, dann sind automatisch auch keine Daten über die frühere Abteilung mehr im System

gespeichert. Die Abteilungsdaten können aber entweder für die künftige Personalausstattung der Abteilung oder aus historischen Gründen notwendig sein.

Diese Nachteile bezeichnet man kurz mit dem Begriff *Änderungsanomalien*.

Kurzum: Wer eine Datenbank aufbauen will, kommt um eine Analyse der logischen Datenstrukturen auch beim relationalen Modell nicht herum.

Eine ganz einfache Regel hilft hier jedoch weiter:

Man vergibt für alle Occurrences des Wurzelknotens bzw. anderer übergeordneter Knoten (*CODASYL: Owner*) eine eindeutige Nummer (*unique primary key*) und übernimmt diese in die Occurrences des jeweiligen Child-Knotens (*CODASYL: Member*).[1]

Die Anwendung dieser Regel führt im vorliegenden Beispiel zu zwei Tabellen, deren Bindeglied die Abteilungsnummer ist. Ein solches Bindeglied nennt man einen *join* . Weil der Join sich hier aus der Aufgabenstellung ergibt, spricht man konkreter von einem *natural join*.

Die beiden Tabellen sind:

Tabelle Abteilung:

Name	Abt.-Nr.	Kostenstelle	Standort
Entwicklung	01	1218	Mainz
Einkauf	02	1319	Hagen
Produktion	03	1401	Hagen
Geschäftsst. Nord	04	1001	Bremen
Geschäftsst. Süd	05	1002	Ulm

---

[1] Diese Regel kann man nicht gedankenlos anwenden. Sie führt nämlich zu zu vielen Nummern in den Nachfolgerknoten eines bestimmten Knotens. Notwendig ist deshalb, als letzten Schritt eines Datenbankdesigns zu prüfen, ob tatsächlich alle diese Nummern notwendig sind. Kap. 6.3 enthält eine differenzierte Darstellung des Problems und sollte auf jeden Fall studiert werden!

Tabelle Mitarbeiter:

Name	Abt.-Nr.	Aufgabe	Titel
Müller	01	Entwicklung	Dr.
Huber	01	Beratung	Oberingenieur
Schmieder	05	Verkauf	Dipl.-Ing.
Höffner	04	Marktanalyse	—

Selbstverständlich heißt die Einführung einer solchen Abteilungsnummer nicht, daß ein Unternehmen, das bislang sehr gut ohne solche Nummern auskam, von nun an diese Nummern verwenden soll. Es handelt sich hier vielmehr um eine rein EDV-technische Maßnahme, die man so verstecken kann, daß nie irgend ein Mitarbeiter außerhalb der EDV-Gruppe des Unternehmens davon etwas erfährt.

Die beiden Tabellen erfüllen die Eigenschaften (E1), (E2) und (E3).

Auf dieselbe Weise lassen sich kompliziertere insb. mehrstufige Baumstrukturen umsetzen. **Die Technik besteht dann darin, in jedem Knoten, der einen Nachfolger hat, einen eindeutigen Schlüssel festzulegen und ihn in allen Nachfolgerknoten zu vermerken.** Pro Knoten erhält man dann eine Tabelle.

Wie man mit den so entstandenen Tabellen arbeitet, wird im Kapitel 6.2 bei den einzelnen SQL-Befehlen ausführlich erklärt. Wenn mit solchen Nummerungssystemen Joins eingeführt werden, müssen auch Sprachelemente zur Verfügung stehen, mit denen man sie zur inhaltlichen Verknüpfung von Tabelleninhalten verwenden kann. Diese Elemente gibt es tatsächlich. Bei der Datenabfrage leistet z.B. die WHERE-Klausel des SELECT-Kommandos das gewünschte.

Das führt bei komplexen Strukturen zu vielen Datenfeldern. Manche Datenbankexperten sehen das als einen Nachteil des relationalen Modells an. Es zeigt zumindest, daß die Aussage der Befürworter, das relationale Datenbankmodelle verwalte Daten so wie sie sind, nicht richtig ist. Deutlicher wird dies noch im nächsten Kapitel.

Vorher jedoch noch einige Aufgaben:

1. Die beschriebene Technik soll dazu benutzt werden, um zu den einzelnen Mitarbeitern die Angaben zu deren Kindern zu speichern.

2. Codd verwendete folgende Darstellung von Relationen:

   $TAB(\underline{Elem1}, Elem2, Elem3, ..., Elemx)$.

   Dabei ist TAB der Name einer Relation und Elem$i$ das i-te Attribut. Unterstrichene Attribute sind Primärschlüssel (Elem1). Das oben erörterte Beispiel soll in der Notation von Codd dargestellt werden.

3. In einem Informationssystem für mehrere Kliniken (Klinikums-Informationssystem) sollen pro Klinik die beschäftigten Mitarbeiter (Ärzte, Krankenschwestern, Pfleger, usw.), die stationär aufgenommenen Patienten und zu den Patienten die Krankenversicherung, aktuelle Therapie, Medikation u. dgl. registriert werden. Welche Relationen benötigt man und aus welchen Attributen bestehen die Relationen?

6.1.2 Darstellung von Netzen

Die Struktur

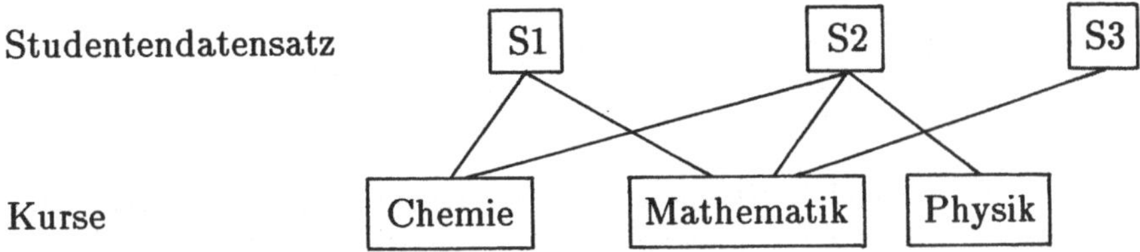

erfordert eine Umsetzung in drei Tabellen. Man kommt durch folgende, ziemlich einfache Überlegung auf das Ergebnis:

In Kapitel 3.3 wurde festgestellt, daß eine solche Netzstruktur durch zwei Bäume dargestellt werden kann, wenn man einen neuen Datentyp einführt. Im vorigen Kapitel zeigte sich, daß eine Baumstruktur in eine Relation übergeführt werden kann, wenn die Owner-Datensätze eine eindeutige Nummer bekommen. Hier gibt es zwei Owner-Datensätze: Der Studentendatensatz und der Kursdatensatz sind Owner, denn — wie Kapitel 3 zeigt — sind beide Datensätze in je einem Baum Wurzelknoten. Folglich müssen sowohl den Studenten eindeutige Matrikelnummern, als auch den Kursen eindeutige Kursnummern gegeben werden. Damit ergeben sich bereits diese drei genannten Tabellen:

1. Tabelle: Tabelle der Studenten:

Name	Matrikelnr.	Geb.-datum	Hauptfach ...
Häberle	121498	22.07.60	Chemie
Schulz	129537	01.03.61	Chemie
Kirst	781109	12.06.60	Mathematik

2. Tabelle: Tabelle der Kurse

Bezeichnung	Kursnummer	Dauer	Referent ...
Chemie	12	5 Mo.	Prof. Kiddz
Mathematik	01	8 Mo.	Dr. Quast
Physik	07	7 Mo.	Prof. Zwostein

3. Tabelle: Tabelle der tatsächlichen Kursbelegungen

Matrikel-Nr.	Kurs-Nr.
781109	01
121498	12
129537	12
250071	09
...	...

Wer wissen will, welcher Student welchen Kurs besucht, besorgt sich zuerst in der Tabelle der Studenten die jeweilige Matrikelnummer. Damit geht er in die Tabelle der tatsächlichen Kursbelegungen, um die dort vermerkten Kursnummern herauszusuchen. Über diese Kursnummern erhält er dann aus der Tabelle der Kurse die Kursbezeichnungen. So ähnlich arbeitet auch SQL mit mehreren über Joins verbundenen Tabellen. Allerdings muß der Anwender dann die Suchstrategie nicht angeben, sondern nur die logischen Suchbedingungen. Das ist ein Grund, wieso man SQL oft auch als nicht-prozedurale Sprache bezeichnet.

6.1.3 Darstellung einer linearen Liste

Wer einmal ein praktisches Problem systematisch mit Hilfe von Datenstrukturen darstellen will, merkt schnell, daß lineare Listen viel häufiger als Netze auftreten und angemessen repräsentiert werden müssen. Je nach Anwendung gibt es hierfür verschiedene Möglichkeiten.

Wenn in einer Klinik-Datenbank zu den Patienten der Klinik beispielsweise ihre Diagnosen gespeichert werden sollen, dann kann man keine Tabelle erstellen, in der n Attribute $Diagnose_1$ bis $Diagnose_n$ enthalten sind. Ein Grund ist, daß eine solche Tabelle nur noch ganz umständlich ausgewertet werden kann: Wenn man eine bestimmte Diagnose sucht, dann ist nämlich immer jedes Attribut $Diagnose_i$ daraufhin abzufragen. Folglich wären n Abfragen erforderlich! Ein anderer Grund ist, daß man eigentlich nie weiß , wieviele Attribute erforderlich sind. Wählt man für n etwa den Wert 20, dann kommt sicher einmal ein Patient mit 21 Diagnosen usw.

Also: Die Frage, wie lineare Listen in relationalen Datenbanken realisiert werden, muß systematischer gelöst werden. Eine Lösungsmöglichkeit liegt eigentlich auf der Hand: Die einem Patienten zugeordneten Diagnosen kann man als eine n:m-Beziehung (also ein Netz) sehen. In dem Fall würde man drei Tabellen erstellen:

  * Die Tabelle *Patienten* enthielte alle Grunddaten eines Patienten, wie Name, Geburtsdatum, Hauptversicherter, Krankenkasse, Anschrift usw. Um auf diese Tabelle mit Hilfe eines Joins Bezug nehmen zu können, wäre noch eine eindeutige Patientennummer zu vergeben und als Attribut in der Tabelle zu definieren.
  * Eine Tabelle *Diagnosen* enthielte sämtliche zulässigen Diagnosen mit einem Code und der zugehörigen ausführlichen Formulierung. Man könnte dazu etwa ein Klassifikationssystem wie die ICD (9. Rev.) mit seinen ca. 15.000 Codes verwenden.
  * Die dritte Tabelle *Patientendiagnosen* enthielte die eigentlich zu speichernde Information: welchem Patienten welche Diagnose gestellt wurde. Sie bestünde in ihrer einfachsten Form aus zwei Attributen: der Patientennummer und der Diagnosennummer bzw. dem Code.

Auf diese Weise können beliebig viele Diagnosen zu einem Patienten gespeichert werden, theoretisch unter Einhaltung der Regeln (E1),(E2) und (E3) sogar alle 15.000.

Wenn relativ kleine lineare Listen zu speichern sind, bei denen überdies die Anzahl der Ausprägungen relativ gering ist, bewährte sich in der Vergangenheit auch ein anderes Verfahren. Viele EDV-Laien bevorzugen es sogar aufgrund seiner besonderen Verständlichkeit. Bei diesem

Verfahren definiert man die einzelnen Ausprägungen als Attribute und
gibt ihnen die möglichen Werte "ja" und "nein". Ein Beispiel soll das
verdeutlichen.

In einer medizinischen Dokumentation zu Operationen will man beispielsweise die lokal aufgetretenen Komplikationen registrieren. Folgende Ausprägungen dieses Merkmals sind dabei interessant:

  Blutung
  Nervenschädigung
  Infektion
  Sonstiges.

Hierbei können beliebige Kombinationen, bei manchen Patienten auch
alle Komplikationen zusammen auftreten. Weil solche Merkmale bei
medizinischen Dokumentationen in Hülle und Fülle zu erfassen sind,
eignet sich die Anlage vieler spezieller Tabellen dafür eigentlich nicht.
Es ist vielmehr sinnvoll, die Attribute *Blutung*, *Nerven*, *Infektion* und
Sonstiges zu definieren und ihnen die Ausprägungen "ja" bzw. "nein" zu
geben. Weil bei Abfragen dann häufig Patienten mit einer bestimmten
Komplikation gesucht werden, finden die Anwender das Verfahren so
angenehm: sie müssen lediglich fragen, in welchen Fällen bzw. wie oft
z.B. das Attribut *Nerven* die Ausprägung "j" hat.

Diese in Kapitel 6.1.1 und 6.1.2 besprochenen Methoden erlauben zumindest, bei einfacheren Datenstrukturen optimale Tabellendefinitionen
festzulegen. Das in der Praxis vielfach unbefriedigend bearbeitete Gebiet
der Datenbankkonzeption kann deshalb vorerst abgeschlossen werden,
um den praktischen Umgang mit einer relationalen Datenbank kennenzulernen. Eine systematische Fortsetzung dieses Themas enthält Kap.
6.3.

6.2 Datenbanksprache SQL

SQL ist eine u.a. von der Firma IBM entwickelte Sprache zum Umgang mit relationalen Datenbanken. Sie ist bei vielen Herstellern DDL, DML und SSL in einem. Außer SQL gibt es noch andere Sprachen zur Bearbeitung relationaler Datenbanken. Da SQL aber voraussichtlich Industriestandard wird und es in gewissem Sinn auch schon ist, soll diese Sprache hier detailliert behandelt werden:

SQL kennt unter anderem Befehle für

* das Einrichten von Datenbanken und Tabellen: CREATE-Befehl
* das Löschen von Datenbanken und Tabellen: DROP-Befehl
* die Neueinspeicherung von Daten: INSERT-Befehl
* die Abfrage von gespeicherten Daten: SELECT-Befehl
* das Ändern gespeicherter Daten: UPDATE-Befehl
* das Löschen gespeicherter Tabelleneinträge: DELETE-Befehl
* das Anlegen und Löschen von Indizes: CREATE-/DROP-INDEX-Befehl
* die Definition gesicherter und korrekter Datenbankinhalte: COMMIT WORK / ROLLBACK WORK - Befehle.

Bei den folgenden Beispielen bezeichnen Großbuchstaben immer Schlüsselworte von SQL, z.B. Befehlsnamen. Kleinbuchstaben dienen zur Darstellung von Objekten (Datenbanken, Relationen), die von Anwendung zu Anwendung unterschiedlich sind.
Außerdem wird angenommen, daß SQL am Terminal benutzt, dazu ein Programm namens SQL geladen wird und dieses Programm den Prompt "*sql >*" ausgibt.

Die bei der Syntaxbeschreibung in spitze Klammern geschriebenen Bezeichnungen (z.B.: <database>) sind sog. metasprachliche Variable. Wenn man ein konkretes Kommando formulieren will, ersetzt man diese Variable (einschließlich der spitzen Klammern) durch einen jeweils passend gewählten Namen für ein Objekt. Das nächste Kapitel enthält bereits ein Beispiel.

6.2.1 OPEN-Befehl

Der erste Befehl bei der Arbeit mit SQL ist der OPEN-Befehl. Mit
ihm öffnet man die Datenbank, mit der im folgenden weitergearbeitet
werden soll. Der OPEN-Befehl kann bei einer Terminalsitzung mehrfach
gegeben werden.

Die Syntax des Open-Befehls ist:

    open $< database\_name >$

Beispiel:

Eine neue Datenbank ist zu erstellen. Dazu muß zuerst die Systemdatenbank, in der u.a. alle Datenbanken in Systemrelationen vermerkt
sind, mit dem OPEN-Befehl geöffnet werden:

    sql > OPEN system
    sql > CREATE DATABASE testdatenbank
    sql > OPEN testdatenbank
    sql > ....

6.2.2 CREATE DATABASE

Der Befehl zum Einrichten einer Datenbank hat folgende Syntax:

create database < *database_name* > [**with** < *option_list* >]

Durch diesen Befehl wird eine neue Datenbank angelegt. Den Befehl kann nur der Datenbankadministrator geben, denn er erfordert einen Eintrag in die Systemdatenbank. Dort ist nämlich eine Systemrelation, in der die Namen, die Größen usw. der einzelnen Datenbanken vermerkt sind. Der Befehl CREATE DATABASE setzt deshalb auch ein Öffnen der Systemdatenbank voraus. Dabei muß der Systemverwalter dann auch seine Identifikation und Berechtigung nachweisen.

Die < *option_list* > erlaubt, auf die physische Speicherung Einfluß zu nehmen. Sie enthält also Funktionen einer SSL. Welche Möglichkeiten der Datenbankadministrator hier hat, ist von Hersteller zu Hersteller anders.

Die < *option_list* > kann z.B. so aussehen:

< *option_list* > := **demand** = n, **disk** = "< *name* > "[1])

Damit gibt man an, wieviele Datenblöcke für die Datenbank reserviert werden sollen und auf welcher Datenplatte die neue Datenbank angelegt werden soll. Beides ist wichtig zur Optimierung der Zugriffe.

Wenn eine neue Datenbank angelegt wird, dann führt der CREATE DATABASE-Befehl auch automatisch zur Eintragung wichtiger Systemrelationen, die in jeder relationalen Datenbank notwendig sind. Diese Relationen sind u.a.:

* die Tabelle aller in der Datenbank definierten Relationen,
* eine Relation "allocated data blocks" zur Registrierung aller Datenblöcke, die zu der Datenbank gehören,
* eine Tabelle "login" der berechtigten Benutzer,
* eine Tabelle der in der Datenbank definierten Attribute,
* die Tabelle, in der die Zugriffsrechte (Lesen, Schreiben, Erstellen neuer Tabellen, Erstellen neuer Indizes) der Benutzer vermerkt sind,
* eine Tabelle zum Aufzeichnen durchgeführter Transaktionen (sog. *transaction log*) (vgl. Kap. 6.2.13 und Kap. 9)

---

[1]) ":=" spricht man: "hat die zulässige Form".

6.2.3 CREATE TABLE-Befehl

Nachdem eine neue Datenbank eingerichtet wurde, sind die anwendungs-
bezogenen Relationen zu definieren. Dazu muß erst die neu errichtete
Datenbank geöffnet werden. Die übliche Befehlsfolge bis zum Einrichten
einer Tabelle ist also:

> *sql* >OPEN system
> *sql* >CREATE DATABASE testdb
> *sql* >OPEN testdb
> *sql* >CREATE TABLE ....

Die Syntax von CREATE TABLE ist:

> **create table** < *table_name* > (< *name* >< *type* >, ...)
> [**with** < *option_list* >]

Dabei ist:

< *table_name* > der Name der neu zu definierenden Relation

< *name* >< *type* > die Angabe eine Attributs namens < *name* > und
mit dem Datenformat < *type* > .

Beispiele für < *type* > sind $\qquad$ **integer** für Integerwerte
$\qquad\qquad\qquad\qquad\qquad\qquad$ **date** für Datumsfelder
$\qquad\qquad\qquad\qquad\qquad\qquad$ **char(n)** für Zeichenketten.

In der Klammer können mehrere < *name* >< *type* >-Folgen angeführt
werden.

< *option_list* > dient auch hier zur Optimierung der Speicherstruktur.

< *option_list* > kann z.B. diese Form haben:

> < *option_list* > := **quota** = n , **logging**

wobei n die Anzahl der maximal von der Tabelle belegbaren Datenblöcke
angibt. **logging** besagt, daß das Datenbanksystem zur Sicherung eine
Log-Datei mitlaufen lassen soll. Näheres dazu enthält das Kapitel 9 über
Datenintegrität und Datensicherheit.

Beispiel:

CREATE TABLE abteilung (bezeichnung char(10),leiter char(15), -
    anzahl_mitarbeiter integer,standort char(20))

Damit wurde eine Tabelle *Abteilung* geschaffen. Der Name und die Attribute dieser neuen Relation werden in den Systemrelationen der Datenbank mit allen ihren Eigenschaften (z.B. Quota der Relation, Typ der Attribute) eingetragen. Die Tabelle selbst ist jedoch leer. Man kann sie sich so vorstellen:

Bezeichnung	**Leiter**	**Anzahl_Mitarbeiter**	**Standort**
—	—	—	—

Sofort nachdem eine Tabelle (Relation) erstellt wurde, kann man in diese Tabelle Daten eingeben. Das Datenbanksystem führt hierbei keinerlei Prüfungen durch, auch dann nicht, wenn in mehreren Relationen Attribute gleich benannt wurden. SQL geht auch bei namensgleichen Attributen nicht von einem Join aus, d.h. von einer Verknüpfung einiger oder aller Relationen, die namensgleiche Attribute enthalten. Der Anwender kann hier also sehr leicht unrichtige Datenstrukturen erhalten, wenn er nicht durch organisatorische und programmtechnische Maßnahmen dies verhindert. Hierzu wird auch auf die Aussagen von Kapitel 9 verwiesen.

6.2.4 INSERT - Befehl und Laden/Entladen einer SQL-Datenbank

Mit dem INSERT-Befehl speichert man einen neuen Tabelleneintrag ab. Die Änderung eines Tabelleneintrags erfolgt mit dem UPDATE-Befehl.

Der INSERT-Befehl hat zwei Varianten. Diese sind:

Format 1:

insert into $< object\_name > \left[(< name >, ...) \right]$
$\qquad$ **values** $(< expression >, ...)$

Format 2:

insert into $< object\_name > \left[(< name >, ...) \right]$
$\qquad < select\_stmt >$

Gleich ist bei beiden Varianten, daß der Benutzer ein Objekt angeben muß , in das er etwas einspeichern will. Ein Objekt ist im einfachsten Fall eine Tabelle. Ein Objekt kann jedoch auch ein sog. View sein. Das ist eine virtuelle Tabelle, die i.d.R. zur eingeschränkten Sicht eines Benutzers angelegt wurde und ihm den Zugriff auf Datenfelder von ein oder mehreren tatsächlich definierten Tabellen erlaubt. (vgl. CRE-ATE VIEW-Befehl). Da man mit Views grundsätzlich wie mit Tabellen umgehen kann, sollte sich vor allem der ungeübte Benutzer unter einem Objekt im folgenden einfach eine Tabelle vorstellen.

Gleich ist auch bei beiden Varianten, daß zu dem Namen eines Objekts die Attributnamen $< name >$ (also, die Namen der Spalten der tatsächlichen oder virtuellen Tabelle) anzugeben sind. In der Klammer stehen alle Attributnamen, in die etwas eingespeichert werden soll, in exakt der Schreibweise, wie sie im CREATE TABLE-Befehl definiert wurden.

Von diesem Punkt an unterscheiden sich jetzt die beiden Befehlsvarianten: Nutzt man die "**values** $(< expression >, ...)$"-Variante, dann kann man eine und nur eine Zeile neu in die Tabelle eingeben. Nutzt man andererseits die "$< select\_stmt >$"-Variante, dann kann man mit dem SELECT-Befehl aus anderen SQL-Relationen Informationen herausholen und in neuer Form in dem hier angegebenen Objekt speichern. (vgl. SELECT-Befehl). Dabei können 0,1 oder n Zeilen neu in die Tabelle eingefügt werden, je nachdem welches Ergebnis die SELECT-Abfrage ergibt.

Ein Beispiel soll erläutern, wie man die im vorigen Kapitel mit CRE-ATE TABLE erstellte Tabelle *Abteilung* mit Daten versorgen kann. Die Tabelle hatte folgende Struktur:

Bezeichnung	Leiter	Anzahl_Mitarbeiter	Standort
—	—	—	—

Mit den Befehlen:
INSERT INTO abteilung (bezeichnung,leiter,anzahl_mitarbeiter,standort)-
    VALUES ("Büro Süd","Müller",132,"München")
INSERT INTO abteilung (bezeichnung,leiter,anzahl_mitarbeiter,standort)-
    VALUES ("Büro Nord","Schneider",283,"Köln")
INSERT INTO abteilung (bezeichnung,leiter,anzahl_mitarbeiter,standort)-
    VALUES ("Werk 1","Kipferle",12,"Waldkirch")
INSERT INTO abteilung (bezeichnung,leiter,anzahl_mitarbeiter,standort)-
    VALUES ("Marketing","Schneidig",49,"Frankfurt")
entstehen die folgenden Tabelleneinträge:

Bezeichnung	Leiter	Anzahl_Mitarbeiter	Standort
Büro Süd	Müller	132	München
Büro Nord	Schneider	283	Köln
Werk 1	Kipferle	12	Waldkirch
Marketing	Schneidig	49	Frankfurt

SQL zwingt den Anwender nicht, bei jedem Tabelleneintrag in jede Spalte Daten einzugeben. Gerade deshalb sieht das INSERT-Kommando ja vor, daß die Namen der jeweils zu versorgenden Attribute vor dem Schlüsselwort VALUE des Kommandos aufgeführt werden. Wenn ein Attribut an dieser Stelle nicht aufgeführt ist, dann entsteht in dem Tabelleneintrag ein **leeres Datenfeld**. Bei vielen SQL-Systemen wird das besonders gekennzeichnet. Konkret heißt das: Wenn in der obigen Tabelle eine weitere Abteilung eingetragen werden soll, von der der Leiter noch nicht bekannt ist, dann gibt es zwei Möglichkeiten:

Variante 1: Eingabe von Leerzeichen

INSERT INTO abteilung (bezeichnung,leiter,anzahl_mitarbeiter,-
    standort) VALUES ("Planung"," ",3,"Ulm")

Variante 2: Auslassen eines Attributs

INSERT INTO abteilung (bezeichnung,anzahl_mitarbeiter,standort)-
  VALUES ("Planung",3,"Ulm")

Zeigt man sich die Ergebnistabelle an, dann sieht sie bei vielen SQL-Datenbanken gleich aus, gleichgültig welches Kommando man benutzte:

Bezeichnung	Leiter	Anzahl_Mitarbeiter	Standort
Büro Süd	Müller	132	München
Büro Nord	Schneider	283	Köln
Werk 1	Kipferle	12	Waldkirch
Marketing	Schneidig	49	Frankfurt
Planung		3	Ulm

Dennoch sind die Tabellen nicht gleich. Bei der Variante 1 enthält das Attribut *Leiter* nämlich Daten und zwar ein Leerzeichen. Bei der Variante 2 enthält es einen vom Datenbanksystem gesetzten Merker, der angibt, daß dieses Datenfeld leer ist. Diese Unterscheidung kann die Programmierung und die Datenabfrage (*Retrieval*) erheblich erleichtern. Besonders hilfreich sind dabei übrigens Systeme, bei denen der Anwender festlegen kann, welches Zeichen als Kennzeichen für ein leeres Datenfeld jeweils benutzt werden soll.[1]Vor allem bei numerischen Feldern besteht dafür nämlich ein erhebliches Interesse: Häufig setzt das Datenbanksystem als Kennzeichen für ein leeres Datenfeld den Wert "0" ein. Dann kann der Anwender aber nicht mehr feststellen, ob er den Wert "0" eingegeben hat, oder ob dieser Wert automatisch für fehlende Angaben eingesetzt wurde. Die Folge ist, daß Statistiken, etwa über die Umsätze von Abteilungen, falsch werden: Fehlende Angaben, die natürlich in Millionenhöhe sein können, erscheinen als "Kein Umsatz" und gehen entsprechend in die Statistik ein.

Selbstverständlich kann der hier dargestellte INSERT-Befehl nicht die einzige Methode sein, neue Informationen in eine SQL-Datenbank einzutragen. Dies ist normalerweise auch nicht der Fall. Denn die Hersteller funktional mächtiger SQL-Datenbanken liefern außerhalb von SQL noch **Kommandos oder Dienstprogramme, die das Laden einer SQL-Datenbank mit sequentiellen oder indexsequentiellen Dateien erlauben.** Jeder Hersteller bietet hierzu ein etwas anderes Verfahren an. Zur Illustration wird beispielhaft eine Möglichkeit genannt:

---

[1] Das relationale Datenbanksystem VAX/RDB VMS der Fa. Digital Equipment GmbH enthält hierfür z.B. eine gute Lösung.

Der Hersteller bietet ein SQLFCOPY-Kommando an. Dieses Kommando hat etwas vereinfacht folgende Syntax:

$$SQLFCOPY \left\{ \begin{array}{c} IN \\ OUT \end{array} \right\}$$
$$< file\_name > \ /FORMATDESCRIPTION =< name\_formfile >$$

Das Kommando erlaubt, aus der SQL-Datenbank eine Datei zu erstellen (OUT-Parameter) oder eine Datei in die SQL-Datenbank einzuspielen (IN-Parameter). Der Name dieser — entweder vorhandenen oder entstehenden — Datei ist $< file\_name >$. Welche Datenfelder in die SQL-Datenbank zu schreiben sind, oder aus der SQL-Datenbank in die Datei zu übertragen sind, steht in einer Formatbeschreibung. Sie ist in einer Datei gespeichert, der Name dieser Datei wird über den Parameter /FORMATDESCRIPTION angegeben und heißt $< name\_formfile >$. Ein Eintrag in so einer Datei kann so aussehen:

$$\begin{aligned} &\text{database } < db\_name >; \\ &\text{table } < table\_name >; \\ &\text{record} \\ &\qquad < attr\_1 > \quad < type >, \\ &\qquad < attr\_2 > \quad < type >, \\ &\qquad .... \qquad\quad ... \\ &\qquad < attr\_n > \quad < type >, \\ &\text{end\_record}; \end{aligned}$$

Dabei ist $< attr\_i >$ entweder ein Name eines Attributs, das bei CREATE TABLE definiert wurde oder ein Platzhalter (z.B. "-") für ein in der Datei $< file\_name >$ vorhandenes Datenfeld, das jedoch nicht ausgetauscht werden soll. $< type >$ ist das Datenformat, das in der Datei $< file\_name >$ vorliegt. Das Datenformat, das das Attribut $< attr\_i >$ in der SQL-Datenbank hat, muß nicht angegeben werden, denn das Kommando SQLFCOPY kann aus einer Systemrelation ersehen, was SQL hier erwartet. Das Kommando SQLFCOPY führt dann innerhalb gewisser Grenzen die Formatumsetzung durch.

Man kann also die beispielhaft hier verwendete Tabelle *Abteilung* auch mit Hilfe des SQLFCOPY-Kommandos mit Daten laden. Möglich wäre, daß die Daten auf einem Magnetband in folgendem Datenformat vorliegen:

Byte 01-05: Abteilungsnummer
Byte 06-15: Bezeichnung der Abteilung
Byte 16-19: Kostenstelle
Byte 20-34: Leiter
Byte 35-35: Anzahl Mitarbeiter als Integerwert
Byte 36-55: Standort

Die Formatdatei zum Laden dieses Magnetbands in die obige Tabelle *Abteilung* hätte dann folgenden Inhalt:

```
            database unternehmen;
            table abteilung;
            record
                -                        char(5),
                bezeichnung              char(10),
                -                        char(4),
                leiter                   char(10),
                anzahl_mitarbeiter       integer(1),
                standort                 char(20),
            end_record;
```

Wenn diese Anweisungen in einer Datei namens *dateiname* und die Daten in der Datei *dat* stehen, heißt das Kommando zum Laden der Tabelle:

SQLFCOPY IN *dat* /FORMATDESCRIPTION=*dateiname*

Dabei wird der Datensatz des Magnetbands von links nach rechts pro Datenfeld durchgegangen und jedes Datenfeld mit jeweils einer Zeile beschrieben. Wenn ein Datenfeld in die Tabelle nicht übernommen werden soll, dann gibt man einen Bindestrich an und die Anzahl der Zeichen, die zu überspringen sind. Soll ein Attribut der Tabelle versorgt werden, dann gibt man den Namen des Attributs an und dahinter die Anzahl der Zeichen, die in der sequentiellen Magnetbanddatei dafür vorhanden sind. Das können mehr oder weniger Zeichen als bei der Definition des Attributs im CREATE TABLE - Kommando sein. Je nachdem enthält dann das Attribut nur einen Teil des Inhalts des zugeordneten Datenfelds der Magentbanddatei oder der Attributeintrag der Relation wird um Leerzeichen erweitert.

Bei dieser Vorgehensweise können die Attribute in der Formatdatei in einer anderen Reihenfolge auftreten, als im CREATE TABLE - Kommando.

Das Kommando kann nicht verwendet werden, wenn ein Join, der über eine fortlaufende Numerierung von Sätzen realisiert werden soll, einzurichten ist. Das SQLFCOPY-Kommando numeriert die Sätze nicht automatisch durch. Und eine Verbindung zwischen verschiedenen SQLF-COPY-Läufen — etwa dem zum Einrichten der übergeordneten und dem zum Einrichten der nachgeordneten Tabelle — gelingt schon gar nicht. In dem Fall muß normalerweise eine kleines Programm geschrieben werden.

Analog zum Laden kann man auch Daten aus einer Relation in eine sequentielle Datei herauskopieren. Die Formatdatei müßte man im vorliegenden Fall nicht einmal ändern. Das folgende Kommando würde eine wie oben aufgebaute Datei erstellen.

SQLFCOPY OUT dat_{neu} /FORMATDESCRIPTION=$dateiname$

Allerdings enthielten die Bytepositionen 1-5 (Abteilungsnummer) und 16-19 (Kostenstelle) keine verwertbaren Daten. Diese Informationen sind in der SQL-Datenbank ja auch gar nicht gespeichert.

6.2.5 SELECT-Befehl und Auswerten einer SQL-Datenbank

Der komplizierteste Befehl von SQL ist der Select-Befehl. Er läßt eine große Vielfalt von Auswertungsmöglichkeiten zu. Insbesondere ist möglich:

* die Ergebnisse einer Abfrage (*Recherche*) wiederum in einer Tabelle abzulegen,

* einfache Berechnungen wie z.B. die Bildung eines Mittelwerts über den Wertebereich eines Attributs durchzuführen,

* das Ergebnis der Abfrage nach vielfältigen Kriterien zu sortieren,

* das Ergebnis der Abfrage in Gruppen zusammenzufassen, wobei die Gruppen durch bestimmte Attributwerte gekennzeichnet sind.

Bevor einige Beispiele die Anwendung des SELECT-Befehls erläutern, soll zur Übersicht seine vollständige Syntax beschrieben werden:

> **select** [*distinct*]
>   [**into** < *table_name* >]
>   {* | < *target* >, ...}
>   [**from** < *object_name* >, ...]
>   [**where** < *qualification* >]
>   [**group by** < *column_name* > [**having** < *qualification* >]]
>   [**order by** < *order_specification* >, ...]

6.2.5.1 Beispiele

Der Einfachheit halber soll die in Kapitel 6.1.2 bereits dargestellte Tabelle der Studenten weiter verwendet werden. Dabei wird angenommen, daß diese Tabelle durch den CREATE TABLE-Befehl mit der Bezeichnung *Studenten* erstellt und mit Hilfe des INSERT-Befehls mit Daten gefüllt wurde. Danach könnte folgende Tabelle vorliegen:

Name	Matrikelnr.	Geb.-datum	Hauptfach
Häberle	121498	22.07.60	Chemie
Schulz	129537	01.03.61	Chemie
Kirst	781109	12.06.60	Mathematik

Diese Tabelle heißt *Studenten* und kann unter dieser Bezeichnung abgefragt werden. Will man sämtliche Einträge der Tabelle, dann kennzeichnet man dies durch Eingabe eines * und sagt:

SELECT studenten.*

oder:

SELECT * FROM studenten.

Groß- und Kleinschreibung haben hier keine semantische Bedeutung, sie sollen nur die Schlüsselwörter der Kommandos optisch von den vom Benutzer festgelegten Bezeichnungen abheben.

Das Ergebnis beider SELECT-Kommandos ist dasselbe und sieht so aus:

Name	Matrikelnr.	Geb.-datum	Hauptfach
Häberle	121498	22.07.60	Chemie
Schulz	129537	01.03.61	Chemie
Kirst	781109	12.06.60	Mathematik

3 rows affected

Falls man nur den Inhalt einiger Spalten der Tabelle will, diesen jedoch von allen Tabelleneinträgen, dann muß man die gewünschten Spalten im SELECT-Kommando angeben. Beispiel:

SELECT name,hauptfach FROM studenten

Das Ergebnis dieser SELECT-Abfrage sieht folgendermaßen aus:

Name	Hauptfach
Häberle	Chemie
Schulz	Chemie
Kirst	Mathematik

3 rows affected

Die Anfragen kann man noch konkreter formulieren. Falls man nicht alle Tabelleneinträge, sondern nur spezielle, etwa die mit dem Hauptfach Chemie, auflisten möchte, gibt man folgenden Befehl:

SELECT name,hauptfach FROM studenten
    WHERE hauptfach="Chemie"

Das Ergebnis sieht so aus:

Name	Hauptfach
Häberle	Chemie
Schulz	Chemie

2 rows affected

Das SELECT-Kommando erlaubt noch weit flexiblere Abfragen. Sie werden im folgenden nach und nach dargestellt. Die Reihenfolge folgt

den Teilklauseln des SELECT-Befehls, wie sie in der Syntaxbeschreibung
vorkommen.

6.2.5.2 DISTINCT-Klausel des SELECT-Befehls

Wenn man aus der Tabelle *Studenten* die einzelnen, von den Studenten
belegten Hauptfächer abfragen will, kann man das grundsätzlich mit

    SELECT studenten.hauptfach

machen. Unangenehm ist dabei, daß in der Ergebnistabelle am Bildschirm so viele Antwortzeilen erscheinen, wie Studenten in der Tabelle
Studenten registriert sind:

Hauptfach
Chemie
Chemie
Mathematik

3 rows affected

Da man im vorliegenden Fall nur die unterschiedlichen Hauptfächer wissen will, sollen Mehrfachanzeigen desselben Eintrags unterdrückt werden. Man erreicht das mit der DISTINCT-Klausel und sagt:

    SELECT DISTINCT studenten.hauptfach

Gibt man **distinct** an, dann verlangt der Benutzer also, daß SQL nur
unterschiedliche Tabelleneinträge ausgibt.
Die obige Abfrage "SELECT DISTINCT studenten.hauptfach" hat somit
folgendes Ergebnis:

Hauptfach
Chemie
Mathematik

2 rows affected

6.2.5.3 INTO-Klausel des SELECT-Befehls

Wenn der Benutzer das Ergebnis seiner Abfrage nicht am Bildschirm
(bzw. — je nach SQL-System — nicht auf einem anderen Ausgabemedium
wie etwa dem Drucker) haben will, sondern es in eine neu zu schaffende
SQL-Tabelle schreiben will, gibt er mit

    "**into** < *table_name* >"

den Namen dieser Tabelle an. Diese Tabelle muß der Benutzer vorher
nicht einrichten und ihre Attribute müssen vorher nicht definiert werden. Da SQL die Feldbeschreibung der mit SELECT erfragten Attribute

kennt, besteht dafür auch kein logischer Grund. SQL übernimmt für die neue Tabelle die im SELECT-Befehl angegebenen Attributnamen und die Datentypdefinitionen dieser Attribute.

Wenn man beispielsweise aus der Tabelle *Studenten* eine neue, grundsätzlich auf Dauer in der Datenbank gespeicherte Tabelle *Geburtstagsliste* erstellen möchte, würde man folgendes SELECT-Kommando verwenden:

SELECT INTO geburtstagsliste name,geb.-datum FROM studenten

Am Bildschirm wird, falls die Tabelle *Geburtstagsliste* noch nicht existiert, außer einer vom jeweiligen SQL-System abhängigen Bestätigung der korrekten Befehlsausführung nichts weiter angezeigt. In der Datenbank entstand jedoch die folgende neue Tabelle:

Tabelle *Geburtstagsliste*:

Name	Geb.-datum
Häberle	22.07.60
Schulz	01.03.61
Kirst	12.06.60

6.2.5.4 Angabe von <target> im SELECT-Kommando

Mit <target> gibt man an, welche Attribute das Ergebnis der SELECT-Abfrage umfassen soll. Dazu muß man wissen, daß SQL als Ergebnis des SELECT-Befehls immer Tabellen liefert, die entweder am Bildschirm angezeigt werden oder in der Datenbank als Tabelle abgespeichert werden. Will man andere Datenformate, dann erstellt man mit dem SQLFCOPY-Kommando einen Datenbankauszug. Selbstverständlich ist auch eine Auswertung über selbst geschriebene Programme oder DB/DC-Systeme möglich. Der SELECT-Befehl erstellt jedoch nur Tabellen, die — je nach SQL-System —, bei der Bildschirmanzeige so aussehen:

name	date	job
Schneider	12.06.1965	Heizer
Minsky	17.03.1932	Mechaniker

2 rows affected

Dazu wurden bereits mehrere Beispiele genannt.

Die <target>-Angabe erlaubt jedoch noch zwei wichtige Zusätze:

Zum einen können die Überschriften bei der Ausgabe verändert werden. Wer also in der obigen Tabelle die englischen Bezeichnungen "name", "date", "job" nicht haben will und stattdessen eine deutsche Überschrift wünscht, kann dies durch die Angabe der Überschriften im <target> erreichen. Man geht hierbei von einer Tabelle namens *Stamm* aus, in der u.a. die Attribute *name*, *date* und *job* definiert sind. Der SELECT-Befehl könnte dann so aussehen:

SELECT Name=name,Geburtsdatum=date,Beruf=job FROM stamm

Ergebnis:

Name	Geburtsdatum	Beruf
Schneider	12.06.1965	Heizer
Minsky	17.03.1932	Mechaniker

    2 rows affected

Zum andern kann man in <target> neben der bereits in den Einführungs-beispielen gezeigten Angabe des Tabellennamens in Langform diesen auch in einer Kurzform angeben. Das ist immer dann wichtig, wenn aus mehreren Tabellen Einträge zusammengestellt werden sollen und in zwei Tabellen dieselben Bezeichnungen für Attribute gewählt wurden. Natürlich müssen dabei die Tabelleneinträge der beiden Tabellen durch bestimmte Datenelemente inhaltlich verbunden werden. Das war bei der Konzeption der Tabelle (vgl. etwa Kapitel 6.1.2) schon so vorgeplant. Deshalb soll hier am besten nochmals dieses Beispiel herangezogen, die Attribute jedoch etwas anders bezeichnet werden:

Tabelle *Studenten*:

Name	Matrikelnr	Gebdatum	Hauptfach
Häberle	121498	22.07.60	Chemie
Schulz	129537	01.03.61	Chemie
Kirst	781109	12.06.60	Mathematik

Tabelle *Kurse*:

Bezeichnung	Kursnummer	Dauer	Name
Chemie	12	5 Mo.	Prof. Kiddz
Mathematik	01	8 Mo.	Dr. Quast
Physik	07	7 Mo.	Prof. Zwostein

Tabelle *Kursbelegungen*:

Matrikelnr	Kursnummer
781109	01
121498	12
129537	12
250071	09
...	...

Will man nun zu jedem Referenten die Namen der Studenten auflisten, die bei ihm einen Kurs belegen, dann muß die Bezeichnung "Name" für den Namen des Referenten und der Studenten durch Angabe des jeweiligen Tabellennamens exakt spezifiziert werden. Dazu wird noch die FROM-Klausel und die WHERE-Klausel des SELECT-Kommandos benötigt. In der FROM-Klausel führt man die Namen und Kurzbezeichnungen all derjenigen Tabellen auf, die man mit dem SELECT-Kommando auswerten will. Die WHERE-Klausel legt fest, wie die einzelnen Tabelleneinträge inhaltlich verknüpft werden sollen. Demnach erhält man die gewünschte Studentenliste für die einzelnen Referenten folgendermaßen:

```
SELECT Dozent=k.name,Student=s.name -
FROM kurse k,studenten s,kursbelegungen ku -
WHERE s.matrikelnr = ku.matrikelnr -
      and ku.kursnummer = k.kursnummer
```

Die Bindestriche sind das Kennzeichen für eine nachfolgende Fortsetzungszeile.

Das Ergebnis dieser Abfrage sieht so aus:

Dozent	Student
Prof. Kiddz	Häberle
Prof. Kiddz	Schulz
Dr. Quast	Kirst
...	...

145 rows affected

Dieses Beispiel zeigt eine allgemeine Form eines <target>: die in der SELECT-Abfrage verlangten Attribute werden angegeben, zusätzlich kann die Spaltenüberschrift in der Ergebnistabelle festgelegt werden.

Würde man einen Stern (*) als Target angeben, dann hieße das, daß alle Attribute der angegebenen Relation auszugeben sind.

Man kann außerdem sog. **Aggregate in der <target>-Klausel** angeben. Aggregate sind Funktionen, die sämtliche Zeilen

* einer Relation oder
* einer durch die GROUP BY-Klausel definierten Gruppe

einbeziehen. Am besten, man schaut sich gleich ein Beispiel an:

SELECT Studentenzahl=count(studenten.*)

Hier verwendet man das Aggregat *count(...)*, um alle Zeilen der Relation *Studenten*, d.h. alle in dieser Relation vermerkten Studenten zu zählen. Das Ergebnis dieser SELECT-Anweisung sieht so aus:

Studentenzahl
463

1 row affected

Andere Aggregate sind:
* *average(...)* zur Bildung des arithmetischen Mittels,
* *max(< column >)* zur Bestimmung der größten Merkmalsausprägung des Attributs *< column >*,
* *min(< column >)* analog zur Bestimmung des Minimums.

Man verwendet diese Aggregate beispielsweise, um **programmgesteuert die für einen Join erforderlichen eindeutigen Nummern zu vergeben.** Man kann dann nämlich vor der Speicherung eines neuen Tabelleneintrags die Identifikation I des neuen Datensatzes folgendermaßen bestimmen:

$$I = (SELECT\ max(table.id)) + 1$$

Je nach Programmiersprache oder Anwendungsgenerator erfolgt die Zuweisung der größten bislang vergebenen Identifikationsnummer an die Variable I jeweils anders; die Vorgehensweise ist jedoch immer dieselbe.

Bei der Gruppierung von Tabelleneinträgen durch die GROUP BY-Klausel arbeiten die Aggregate auf der Basis der so definierten Gruppen von Tabelleneinträgen. (vgl. Kap. 6.2.5.7)

6.2.5.5 FROM-Klausel des SELECT-Befehls

Die Klausel "**from** *< object_name >*,..." dient der Angabe, welche Tabellen bzw. Views ausgewertet werden sollen. Hier können, wie das Beispiel in Kapitel 6.2.5.4 zeigte, mehrere Objekte spezifiziert werden. Dabei ist es auch möglich, den einzelnen Objekten zur Verringerung von Schreibarbeit eine Kurzbezeichnung zu geben. Diese Kurzbezeichnung (engl. *label*) ist für das gesamte SELECT-Kommando gültig, also auch für die bislang noch nicht hier besprochenen Klauseln. Das heißt auch, daß alle Relationen, die man in einem SELECT-Kommando aufführen will, in der FROM-Klausel enthalten und mit einer Kurzbezeichnung versehen sein sollten. Wurde eine Relation hierbei ausgelassen, dann muß ihr Name an der jeweiligen Stelle des SELECT-Befehls voll ausgeschrieben werden.

Die Notwendigkeit, Attributnamen mit Tabellennamen vollständig zu spezifizieren, macht noch einmal deutlich, daß SQL selbst keine inhaltlichen Verknüpfungen zwischen den Tabellen einer Datenbank über die Attributnamen durchführt. Das muß in allen Fällen der Benutzer selbst machen. Für SQL besteht der Name eines Attributs also immer aus zwei Teilen: dem Tabellennamen und dem eigentlichen Attributnamen.

Dazu nochmals ein anderes Beispiel:

In der Targetliste seien Attribute aus mehreren Tabellen aufzuführen und darunter seien Attribute, deren Bezeichnungen in mehreren Tabellen gleich sind. So könnten etwa die Tabellen *Personal, Kinder* und *Dienststellen* jeweils ein Attribut namens *Name* enthalten. Wenn man jetzt als Ergebnis einer SELECT-Abfrage eine Tabelle aller Dienststellen haben will, bei denen Mitarbeiter mit mehr als 6 Kindern beschäftigt sind, könnte folgender SELECT-Befehl verwendet werden:

SELECT D.name,P.name,K.name FROM dienstellen D,personal P, kinder K WHERE P.anzahl_kinder > 6

Wenn man nur sehr einfache Abfragen macht, kann man die FROM-Klausel weglassen und die auszuwertende Relation in der Targetliste mit angeben. Folgende beide Abfragen liefern deshalb dasselbe Ergebnis:

SELECT * FROM relation   und   SELECT relation.*   oder:

SELECT name FROM personal   und   SELECT personal.name.

6.2.5.6 WHERE-Klausel des SELECT-, UPDATE, CREATE-, VIEW-, INSERT-, DELETE- und AUDIT-Befehls

Die Flexibilität des SELECT-Befehls zeigt sich in der **where**-Klausel. Diese Klausel legt nämlich im wesentlichen die Suchstrategie der Abfrage in den einzelnen Objekten fest. Die **where**-Klausel gibt es nicht nur im SELECT-, sondern auch im UPDATE-, CREATE-, VIEW-, INSERT-, DELETE- und AUDIT-Befehl. Sie kann hier gleich in allgemeiner Form dargestellt werden:

where < qualification >

   wobei

die < *qualification* > eine Reihe Boolescher Ausdrücke ist, die durch logische Operatoren **and** , **or** , **not** verbunden werden. Jeder Boolesche Ausdruck ist ein Vergleich folgender Elemente:

Attributnamen, Konstanten, arithmetische Ausdrücke, Funktionen, Aggregate, verschachtelte SELECT-Befehle. Als Vergleichsoperatoren sind die üblichen arithmetischen Operatoren wie $>$, $<$, $\geq$, $\leq$, $<>$, $=$ ($<>$ steht für ungleich) sowie die Zusatzoperatoren "between" und "in" zugelassen. Zu den beiden Zusatzoperatoren folgt jeweils ein erklärendes Beispiel:

SELECT name FROM abteilung
    WHERE gehaltsstufe **between** 1 **and** 3 .

SELECT name FROM abteilung WHERE gehaltsstufe **in** (1,2,3).

Das folgende Beispiel zeigt, wie der Zusatzoperator **in** zusammen mit einem SELECT-Befehl verwendet werden kann:

SELECT verkäufer_name FROM abteilung WHERE -
      abteilung.bez="VERKAUFSSTELLE_1" -
      AND verkaufte_produkte IN -
      (SELECT neuheiten FROM werbungsaktion_mai)

Zum weiteren Verständnis der **where** <qualification> ist jetzt eine Darstellung der Funktionen und Aggregate erforderlich:

Funktionen sind beispielsweise Konvertierungsfunktionen wie Integer $\longrightarrow$ Gleitkomma, Integer $\longrightarrow$ Character, sowie Datums- und Zeitfunktionen (*gettime, getdate,...*), Funktionen zur Stringverarbeitung (Aneinanderreihung von Strings, Bildung von Substrings). Welche Funktionen ein SQL-System tatsächlich bietet, ist der Dokumentation des jeweiligen Systems zu entnehmen.

Aggregate sind Funktionen, die bei einer bestimmten Tabelle alle Spaltenwerte (das sind die in der Tabelle tatsächlich vorkommenden Werte aus dem Wertebereich eines Attributs) bearbeiten. Beispiele sind:

Zählen der Tabelleneinträge: SELECT **count** (abteilung.*)

Mittelwert berechnen: SELECT **average** (umsatz) FROM büros.
SELECT **average** (büros.umsatz).

Maximalwert suchen: SELECT **max** (produkte.preis).

Auch bei Aggregaten gilt: Was ein System tatsächlich kann, ist der Dokumentation des jeweiligen Herstellers zu entnehmen.

Wie bereits das Beispiel in Kap. 6.2.5.4 zeigte, dient die WHERE-Klausel auch **zum inhaltlichen Verknüpfen** der einzelnen Tabellen. Eine solche Klausel ist notwendig, da bei der Frage, wie eine Datenstruktur — sei es ein Baum, ein Netz oder eine lineare Liste — mit Tabellen dargestellt werden kann, eindeutige Datensatznummern für genau diesen Zweck in die Tabellen aufgenommen wurden. Die Bedeutung dieser Nummerungssysteme ist in der relationalen Datenbank nicht gespeichert. Man kann deshalb nicht erwarten, daß SQL automatisch die Tabellen entsprechend den Nummern verknüpft und Auswertungen, die über mehrere Tabellen gehen, immer richtig erstellt. Das ist vielmehr eine ständige Aufgabe für den Benutzer. Er muß dazu genau wissen, welche Datenstruktur er eigentlich verarbeiten will, welche Joins er über welche Numerierung vorsah und welchen Inhalt er durch die Baum-, Netz- und sonstigen Strukturen repräsentieren wollte. Insofern hat es der Anwender eines CODASYL-Modells etwas leichter, da er auch die Abhängigkeiten der einzelnen Datensätze, die den Tabellen der relationalen Datenbanken entsprechen, in der SET-Definition dem Datenbanksystem mitteilt. Das führt einerseits zu einem Zwang für die Benutzer, die einmal definierte Datenstruktur beizubehalten. Viele bezeichnen das auch als Inflexibilität. Andererseits hilft es aber auch, Fehler zu vermeiden, die durch Vergessen der ursprünglichen Designideen entstehen.

Wer SQL anwendet, sollte deshalb bei der Anwendung einer WHERE-Klausel immer zuerst einen Test machen. So kann er nochmals überprüfen, ob er tatsächlich das gewünschte Ergebnis erhält.

Bei der Überlegung, wie ein Join in einer WHERE-Klausel aussehen soll, geht man folgendermaßen vor:
Da bei der mathematischen Auffassung einer Relation die Elemente immer ganze Tabelleneinträge sind, besteht ein Join J aus den Tabellen T_1 und T_2 aus Tabelleneinträgen, die durch Aneinanderreihung der Einträge (Zeilen) t_{1i} aus T_1 und der Einträge t_{2j} aus T_2 bestehen, wobei nur solche Zeilen aneinandergereiht werden, bei denen die Nummern des

Joins übereinstimmen. Bezeichnet man mit $t|_{nr}$ die Nummer im Tabelleneintrag, die für den Join angelegt wurde, dann könnte man das formal so ausdrücken:

$$J = \{(a,b) \mid a \in T_1 \wedge b \in T_2 \wedge a|_{nr} = b|_{nr}\}$$

Von dieser Tabelle werden dann für die Anzeige am Bildschirm bzw. für die Übernahme in die neu zu schaffende Tabelle (INTO-Klausel) nur diejenigen Attribute ausgewählt, die in <target> explizit spezifiziert sind.

Ein Beispiel soll das erläutern. Die in Kap. 6.2.5.4 beschriebenen Tabellen *Studenten* und *Kursbelegungen* sollen über die Matrikelnummer verbunden werden. Die Ursprungstabellen sind:

Tabelle *Studenten*:

Name	Matrikelnr	Gebdatum	Hauptfach
Häberle	121498	22.07.60	Chemie
Schulz	129537	01.03.61	Chemie
Kirst	781109	12.06.60	Mathematik

Tabelle *Kursbelegungen*:

Matrikelnr	Kursnummer
781109	01
121498	12
129537	12
250071	09
121498	23
121498	03
781109	03
781109	18

Die Tabelle, die man sich bei einem Join der Tabellen *Studenten* und *Kursbelegungen* über die Matrikelnummer vorstellen muß, hat folgendes Aussehen:

Name	Matrikelnr	Gebdatum	Hauptfach	Kursnummer
Häberle	121498	22.07.60	Chemie	12
Häberle	121498	22.07.60	Chemie	23
Häberle	121498	22.07.60	Chemie	03
Schulz	129537	01.03.61	Chemie	12
Kirst	781109	12.06.60	Mathematik	01
Kirst	781109	12.06.60	Mathematik	03
Kirst	781109	12.06.60	Mathematik	18

Die Folge der Attributnamen in <target> legt dann fest, welche Spalten
dieser, sozusagen als Zwischenergebnis angelegten Join-Tabelle weiter-
verarbeitet werden sollen.

Bei mehr als zwei Tabellen verfährt man so, daß man gedanklich zuerst
zwei Tabellen zu einem Join verbindet, das Ergebnis mit einer weiteren Tabelle entsprechend verbindet und so weiter macht, bis man alle
Tabellen verknüpft hat. Natürlich muß dabei der Join nicht bei allen
Tabellen über dieselbe Nummer erfolgen. Das zeigte bereits das Beispiel
in Kap. 6.2.5.4.

Wer sich noch an die Regeln (E1), (E2), (E3) des Kapitels 6.1 erinnert,
sieht, daß diese gedachte Aneinanderreihung von Tabelleneinträgen beim
Join das genaue Gegenstück dessen ist, was beim Datenbankdesign durch
Zerlegung der Datenstruktur in verschiedene Tabellen gemacht wurde.
Deshalb ist es kein Wunder, wenn die oben dargestellte, durch einen Join
aus *Studenten* und *Kursbelegungen* entstandene, gedachte Tabelle den
Anforderungen des Kap. 6.1 an Tabellen nicht entspricht und — würde
sie tatsächlich entstehen — Änderungsanomalien en masse aufweisen
würde.

6.2.5.7 GROUP-BY-Klausel im SELECT-Kommando

Die **group by**-Klausel erlaubt, die Tabelleneinträge (Zeilen) gedanklich vor der Auswertung in einzelnen Gruppen zusammenzufassen. Auf diese Gruppe können dann die in Kap. 6.2.5.6 angesprochenen **Aggregate** angewandt werden.

Um einen praktischen Fall anzusehen, sei wieder auf das schon mehrfach verwendete Beispiel mit den Tabellen *Studenten*, *Kurse* und *Kursbelegungen* zurückgegriffen. In Kap. 6.2.5.4 wurde dazu eine Auswertung realisiert, bei der zu jedem Dozenten die Studenten aufgelistet werden, die seinen Kurs belegen. Auf Kap. 6.2.5.4. wird insoweit verwiesen. — Oftmals interessieren jedoch nicht die Namen der einzelnen Studenten, sondern die Anzahl der pro Dozent betreuten Studenten. Diese Information läßt sich über die GROUP-BY-Klausel und durch Einsatz des Aggregats *count(x)* beschaffen.

Das zugehörige Kommando sieht dann so aus:

```
SELECT Dozent=k.name,Anzahl-Studenten=count(s.name) -
FROM kurse k,studenten s,kursbelegungen ku -
WHERE s.matrikelnr = ku.matrikelnr -
    and ku.kursnummer = k.kursnummer -
GROUP BY k.name
```

Als Ergebnis zeigt SQL folgende Tabelle an:
(Weil hier unvollständige Tabellen im Beispiel verwendet werden, sind die Zahlenwerte im einzelnen nicht nachvollziehbar.)

Dozent	Anzahl-Studenten
Prof. Kiddz	2
Prof. Zwostein	82
Dr. Quast	7
...	...

5 rows affected

Ein anderes Beispiel soll aus dem kommerziellen Bereich gewählt werden. Angenommen, in einer Datenbank sind die Tabellen *Büro* und *Umsätze* vorhanden. Die Tabelle *Büro* enthält die Daten der einzelnen Verkaufsbüros wie
- Bezeichnung des Büros (*bezeichnung*),
- Identifikationsnummer des Büros (*büro-id*),
- Name des Leiters (*leiter*),
- Anschrift ,...
Die Tabelle *Umsätze* enthält pro Verkaufsbüro die einzelnen Verkäufe:
- Identifikation des Büros (*abt-id*),
- Bezeichnung der verkauften Ware,

- Verkaufserlös (*umsatz*),
- Datum des Verkaufs,...

Wollte man nun beispielsweise den mittleren Umsatz eines Verkaufsbüros berechnen, ist ebenfalls die GROUP-BY-Klausel anzuwenden. Das Kommando heißt:

SELECT b.bezeichnung,avg(u.umsatz) FROM büro b,umsätze u-
WHERE u.abt_id = b.büro_id-
GROUP BY b.bezeichnung

Bei der **group by** -Klausel werden sämtliche Tabelleneinträge in Gruppen aufgeteilt. In der Praxis kommt jedoch auch oft der Fall vor, daß man nur einen Teil der Tabelleneinträge in Gruppen einteilen und dann auswerten will. Wie man hier vorgeht, zeigt das nächste Kapitel.

6.2.5.8 HAVING-Klausel im SELECT-Kommando

Die HAVING-Klausel erlaubt, die Bildung der von der GROUP-BY-Klausel zusammengestellten Gruppen zu steuern. Es ist nämlich mit dieser Klausel möglich, nicht alle nach der GROUP-BY-Klausel gebildeten Gruppen weiterzuverarbeiten, sondern nur diejenigen, die den in der HAVING-Klausel festgelegten Bedingungen entsprechen. Die anderen von der GROUP-BY-Klausel gebildeten Gruppen bleiben unberücksichtigt. Die HAVING-Klausel übt also auf der Ebene der Gruppen die Funktion aus, die die WHERE-Klausel auf der Ebene der Tabellenzeilen ausübt. Daß die HAVING-Klausel ebenso flexible Auswertungsmöglichkeiten wie die WHERE-Klausel bietet, ergibt sich aus der Syntaxbeschreibung:

having < *qualification* >

< *qualification* > hat hier dieselbe Bedeutung wie bei der **where** - Klausel.

Die Beispiele knüpfen an den bisherigen Fällen wieder an. Im Falle der Datenbank mit den Tabellen *Studenten*, *Kurse* und *Kursbelegungen* (vgl. Kap. 6.2.5.4 ff) könnte sich die Aufgabe stellen, diejenigen Dozenten aufzulisten, die besonders viele Studenten betreuen. Das Ziel wäre also, eine Liste der besonders belasteten Dozenten zu erstellen und darin die Zahl der Studenten anzugeben, die ihre Kurse belegten. Als besonders belastet gelte ein Dozent, der mehr als 10 Studenten in seinem Kurs betreut. Die im vorigen Kapitel angegebene SELECT-Anweisung muß dafür um eine HAVING-Klausel erweitert werden. Insgesamt sieht das Kommando dann so aus:

```
SELECT Dozent=k.name,Anzahl-Studenten=count(s.name) -
FROM kurse k,studenten s,kursbelegungen ku -
WHERE s.matrikelnr = ku.matrikelnr -
    and ku.kursnummer = k.kursnummer -
GROUP BY k.name -
HAVING count(s.name) > 10
```

Als Ergebnis zeigt SQL folgende Tabelle an:

Dozent	Anzahl-Studenten
Prof. Zwostein	82

1 row affected

Bei dem anderen Beispiel des vorigen Kapitels könnte sich folgende Aufgabe stellen: Ziel ist, die mittleren Umsätze der Verkaufsbüros zu finden, die von den Herren Schneider, Müller oder Maier geleitet werden. Die anderen Verkaufsbüros interessieren nicht; irgendwelche Informationen über sie sollen auch nicht erscheinen. Dieses Problem würde man folgendermaßen lösen:

```
SELECT b.bezeichnung,avg(u.umsatz)  FROM büro b,umsätze u-
                                    WHERE u.abt_id = b.büro_id-
                                    GROUP BY b.bezeichnung-
                                    HAVING b.leiter IN-
                                    (Schneider, Müller, Maier)
```

Wenn die Herren Schneider, Müller und Maier mehrere, unterschiedlich bezeichnete Büros leiten, erhält man so die mittleren Umsätze der einzelnen, von ihnen geleiteten Verkaufsbüros in getrennten Zeilen. Der Grund ist, daß die Gruppenbildung aufgrund der Namen der Büros vorgenommen wird. Dadurch sind die von einem Chef geleiteten und unterschiedlich bezeichneten Verkaufsbüros in verschiedenen Gruppen. Da aus diesen Gruppen wiederum die HAVING-Klausel ausschließlich nach dem angegebenen Kriterium (Name des Leiters) bestimmte Gruppen zur Weiterverarbeitung zuläßt bzw. davon ausschließt, erscheint eine Zeile pro Verkaufsbüro, auch wenn ein Leiter mehrere betreut.

6.2.5.10 ORDER-BY-Klausel im SELECT-Kommando

Die **order by**-Angabe ermöglicht zu guter Letzt noch die Sortierung der Ergebnistabellen. Diese Sortiermöglichkeit ist notwendig, da Tabelleneinträge bei relationalen Datenbanken grundsätzlich ungeordnet sind. Das war eine Folge des relationalen Ansatzes: Relationen sind in der Mathematik Mengen, deren Elemente nach keinem Kriterium geordnet sind.

Wer ein relationales Datenbanksystem anwendet, stellt i.d.R. jedoch fest, daß die von SELECT-Kommandos produzierten Ergebnistabellen doch schon sortiert sind. Meistens sortieren die Hersteller diese Tabellen nämlich nach dem Primärschlüssel einer in der FROM-Klausel angegebenen Tabelle. Diese Zusatzfunktion nimmt man natürlich gern in Kauf. Wer aber sicher sein will, daß eine Sortierung nach seinen Wünschen vorgenommen wird, sollte die ORDER-BY-Klausel verwenden.

Die ORDER-BY-Klausel hat folgende Syntax:

> **order by** $< column\_name >, ... < order\_spec >$
>
> $< order\_spec >:= a \mid asc \mid d \mid desc$

Man kann also mehrere Attribute angeben, die nicht notwendigerweise alle auch in $< target >$ vorkommen müssen, und zusätzlich durch "a" bzw "asc" eine aufsteigende oder durch "d" bzw. "desc" eine absteigende Sortierfolge vorgeben.

Folgende Beispiele verdeutlichen dies weiter:

Wenn man nochmals von der Tabelle *Studenten* ausgeht

Name	Matrikelnr.	Geb.-datum	Hauptfach
Häberle	121498	22.07.60	Chemie
Schulz	129537	01.03.61	Chemie
Kirst	781109	12.06.60	Mathematik

und diese mit

SELECT studenten.*

auswertet, erscheint das Ergebnis (vgl. Kap. 6.2.5.1):

Name	Matrikelnr.	Geb.-datum	Hauptfach
Häberle	121498	22.07.60	Chemie
Schulz	129537	01.03.61	Chemie
Kirst	781109	12.06.60	Mathematik

3 rows affected

Wenn zusätzlich eine ORDER-BY-Klausel angefügt wird, um z.B. aufsteigend nach dem Geburtsdatum zu sortieren, ergibt sich mit dem Kommando

SELECT studenten.* ORDER BY Geb.-datum ASC

folgende Tabelle:

Name	Matrikelnr.	Geb.-datum	Hauptfach
Kirst	781109	12.06.60	Mathematik
Häberle	121498	22.07.60	Chemie
Schulz	129537	01.03.61	Chemie

3 rows affected

Will man bei dem anderen, in den vorigen Kapiteln jeweils verwendeten Beispiel die mittleren Umsätze und die Bürobezeichnung zur besseren Übersichtlichkeit sortiert haben, fügt man hierzu an:

ORDER BY b.leiter,b.bezeichnung ASC.

Zum Abschluß des Kapitels 6.2.5 sollte man doch nochmals auf den Begriff **join** eingehen. Er bezeichnet die Zusammenfassung verschiedener Tabellen in einer SELECT-Abfrage. Das obige Beispiel, mit dem die Verkaufsbüros und ihre mittleren Umsätze bestimmt wurden, enthält in der WHERE Klausel einen derartigen Join. Dieser verknüpft die Tabellen "umsätze" und "büros" miteinander. Der Join ist bei der Abfrage deshalb wichtig, weil die Konzeption einer in der 3. Normalform befindlichen Datenbank i.d.R. die Definition einer Vielzahl von Schlüsseln erfordert, um die Datenstruktur abzubilden. Der Join erlaubt bei der Abfrage, die Re-Integration der während der Konzeptionsphase aufgeteilten Elemente der logischen Datenstruktur. Daraus folgt u.a., daß der Join nicht nur bei der SELECT-Abfrage, sondern auch beim UPDATE-, DELETE- und AUDIT-Befehl zu beachten ist. Selbstverständlich muß der Anwender diese Zusammenhänge auch beim Laden der Datenbank und bei seinen INSERT INTO-Befehlen beachten.

6.2.6 UPDATE-Befehl

Die Änderung bereits bestehender Tabelleneinträge erfolgt mit dem UP-DATE-Befehl. Die bereits beim SELECT-Befehl dargestellte Bezeichnung von Attributen durch < *table_name* > . < *column_name* > bzw. < *table_label* > . < *column_name* > (Verwendung von Kurzbezeichnungen für die Tabellen) ist auch beim UPDATE-Befehl möglich. Außerdem hat< *qualification* > hier dieselbe Bedeutung wie beim SELECT-Befehl (Kapitel 6.2.5).

Die Syntax des UPDATE-Befehls ist:

>   **update** < *object_name* >   [< *label* >]
>
>   [**from** < *object_name_2* >, ...]
>
>   **set** < *column_name* > = < *expression* >, ...
>
>   [**where** < *qualification* >]

Mit **update** < *object_name* > gibt man an, in welcher Tabelle bzw. welchem View ein oder mehrere Tabelleneinträge geändert werden sollen. Es ist nicht möglich, mit einem Befehl mehr als eine Tabelle zu verändern, auch dann nicht, wenn die Tabellen logisch zusammenhängen.

< *label* > gibt an, daß die Relation < *object_name* > auch durch eine Kurzbezeichnung < *label* > abgekürzt werden kann. Dies ist immer notwendig, wenn Attribute der Relation < *object_name* > denselben Namen wie Attribute anderer Tabellen haben (vgl. SELECT-Befehl).

In der **from**-Klausel gibt man die Tabellen an, auf die man in der **set**-Klausel in Ausdrücken < *expression* > oder in der **where**-Klausel in < *qualification* > Bezug nehmen will. < *object_name_2* >sind also eine oder mehrere Tabellen, die nicht verändert werden, die man jedoch bei der Formulierung des Änderungsalgorithmus benötigt.

Die **set**-Klausel bezeichnet die zu ändernden Attribute und den Wert, der ihnen zugewiesen werden soll. Welche Attributwerte welcher Tabelleneinträge entsprechend den Vorschriften der **set**-Klausel tatsächlich geändert werden, hängt von der **where**-Klausel ab. Wie beim SELECT-Befehl definiert man nämlich auch beim UPDATE-Befehl die zu bearbeitenden Tabelleneinträge (also die Zeilen der Tabelle, Tabelleneinträge) durch diese Klausel. Wird keine **where**-Klausel angegeben, dann verändert der UPDATE-Befehl *alle* in der **set**-Klausel angegebenen Attribute aller Tabelleneinträge des Objekts < *object_name* > .

Als < *expression* > in der **set**-Klausel kann folgendes eingesetzt werden:

* Aggregate wie z.B. count(...), avg(...).
* Attribute der Form < *column_name* > oder
  < *object_name* > . < *column_name* >oder
  < *object_label* > . < *column_name* > .

  Ein < *object* > ist eine Tabelle oder ein View (virtuelle Tabelle).
  < *object_label* > ist die in Kapitel 6.2.5 beschriebene Kurzbezeichnung eines Objekts.
* Funktionen wie z.B. *gettime, substring*, +,-,* (für die Multiplikation).
* Konstanten wie z.B. "102", "Das ist ein String.".
* arithmetische Ausdrücke:
  Beispiel für einen arithmetischen Ausdruck:
  In der Relation *Mitarbeiter* sei die wöchentliche Arbeitszeit mit dem Attributnamen *Arbeitszeit* gespeichert. Die darin gespeicherten Daten sind nicht bei allen Mitarbeitern gleich: ein Chef-Fahrer hat etwa eine wöchentliche Arbeitszeit von "60 Stunden" und ein Programmierer von "40 Stunden". Weiter nimmt man an, der Betriebsrat vereinbare mit der Geschäftsleitung eine generelle Ermäßigung der wöchentlichen Arbeitszeit um 5 Prozent. Mit folgendem arithmetischen Ausdruck könnte man dann die neue wöchentliche Arbeitszeit berechnen:
  mitarbeiter.arbeitszeit $= 0.95 *$ *mitarbeiter.arbeitszeit*.

Beispiele:

Kommt man auf das frühere Beispiel mit den Studenten, Kursen und Kursbelegungen zurück, dann könnte man sich vorstellen, daß die unterschiedliche Dauer der Kurse innerhalb ein und desselben Semesters abgeschafft werden soll. Die bisherige Tabelle *Kurse*, die nachfolgend noch einmal dargestellt wird, soll also bei allen Tabelleneinträgen in der Spalte (Attribut) *Dauer* einheitlich auf "6 Mo." (Wintersemester) verändert werden.

Tabelle *Kurse* (alt):

Bezeichnung	Kursnummer	Dauer	Referent ...
Chemie	12	5 Mo.	Prof. Kiddz
Mathematik	01	8 Mo.	Dr. Quast
Physik	07	7 Mo.	Prof. Zwostein

Mit dem Befehl

UPDATE kurse SET dauer = "6 Mo."

erhält man folgende neue Tabelle:

Tabelle *Kurse* (nach UPDATE):

Bezeichnung	Kursnummer	Dauer	Referent
Chemie	12	6 Mo.	Prof. Kiddz
Mathematik	01	6 Mo.	Dr. Quast
Physik	07	6 Mo.	Prof. Zwostein

Das UPDATE-Kommando hat auch eine **Löschfunktion**. Will man beispielsweise in der Tabelle *Kurse* die Referenten für die Kurse neu festlegen und dazu erst einmal alle Referentennamen löschen, dann erfolgt dies ebenfalls mit dem UPDATE-Kommando. Es sieht für den vorliegenden Fall so aus

UPDATE kurse SET referent = " ".

und liefert dieses Ergebnis:

Bezeichnung	Kursnummer	Dauer	Referent
Chemie	12	6 Mo.	
Mathematik	01	6 Mo.	
Physik	07	6 Mo.	

Ein anderes Beispiel, bei dem sämtliche Klauseln des UPDATE-Kommandos gebraucht werden, ist folgendes:

Vorausgesetzt wird eine Relation *Abteilung*, die die Abteilungen eines Unternehmens mit Bezeichnung, Art der Abteilung (Produktionsabteilung, Verkaufsbüro, ...; kurz *bürotyp* genannt), Name des Vorgesetzten, Abteilungsidentifikation (*abtid*) usw. beschreibt. Eine andere Relation *Personal* enthalte die Personaldaten wie Name, Anschrift, Kennnummer der zugehörigen Abteilung, Gehaltsgruppe usw. Außerdem sei in dem Unternehmen für alle Mitarbeiter von Verkaufsbüros ab einer bestimmten Gehaltsgruppe, die durch eine Ziffer ≤ 2 gekennzeichnet ist, ein Umsatzziel gesetzt. Die Aufgabe besteht nun darin, bei diesen Mitarbeitern das Umsatzziel neu auf "250.000,-DM" festzulegen. Das leistet folgendes Kommando:

```
UPDATE personal p FROM abteilung a -
       SET p.umsatzziel = 250000-
       WHERE a.bürotyp="Verkaufsbüro" AND p.gehaltsgruppe≤2-
       AND p.abtid=a.abtid
```

Der Join erfolgt über eine, die Abteilung eindeutig identifizierende Nummer, die in beiden Relationen "abtid" heißt.

6.2.7 DELETE-Befehl

Der DELETE-Befehl löscht ganze Tabelleneinträge! Wer nicht ganze Zeilen einer Tabelle löschen will, sondern nur die Merkmalsausprägungen bestimmter Attribute in einem Tabelleneintrag (oder in mehreren Tabelleneinträgen), kann das DELETE-Kommando also nicht verwenden. Er muß mit dem UPDATE-Kommando arbeiten (Kap. 6.2.6).

Das Löschen eines oder mehrerer Tabelleneinträge einer Tabelle erfolgt ausschließlich mit dem DELETE-Befehl. Die Syntax dieses Befehls ist:

delete from < *object_name* >   [< *label* >]
    [**where** < *qualification* >]

< *object_name* > ist die Tabelle bzw. Benutzersicht, in der man Einträge löschen will. Falls auch ein Kurzzeichen für diese Tabelle verwendet werden soll, ist es als < *label* > anzugeben. Sinnvoll ist das dann, wenn in < *qualification* > eine SELECT-Abfrage steht und zur eindeutigen Formulierung dieser Abfrage (*subquery*) bei bestimmten Attributen der Relationennamen bzw. Objektname vorangestellt werden muß .

Beispiel:

1) Will man in der Relation namens **login,** in der alle Benutzer mit ihren Paßworten und dem Datum der letztmaligen Neuvergabe dieses Paßworts registriert sind, diejenigen Benutzer löschen, deren Paßwort seit 17.2.1986 unverändert blieb, heißt der zugehörige DELETE-Befehl so:

   DELETE FROM login WHERE date$\leq$ 1986.02.17.

2) Hat man eine Datenbank mit dem Programm SQLFCOPY falsch geladen und will jetzt alle Tabelleneinträge der Relation "abteilung" löschen, dann schreibt man:

   DELETE FROM abteilung.

   Die Tabelle hat dann denselben Zustand, wie nach dem CREATE TABLE-Befehl, mit dem sie eingerichtet wurde.

6.2.8 CREATE VIEW-Befehl

Mit dem CREATE VIEW-Befehl lassen sich zwei Arten von Views erzeugen: solche, die praktisch eine Abkürzung für eine SELECT-Abfrage sind, und solche, die einem Benutzer eine eingeschränkte Sicht auf die Datenbank erlauben einschließlich der Möglichkeit, Tabelleneinträge einzufügen, zu ändern und zu löschen. Die Syntax beider Varianten ist dieselbe:

> **create view** < *view_name* >   [(< *column_name* >, ...)]
>   **as** < *select_statement* >

Will man den CREATE VIEW-Befehl als Abkürzung für eine SELECT-Abfrage verwenden, dann stellt man sich bei der folgenden Formulierung

CREATE VIEW < *view_name* > AS < *select_statement* >

die Bezeichnung < *view_name* > als Abkürzung für die SELECT-Abfrage < *select_statement* > vor. Der Befehl

SELECT < *view_name* > .*

leistet dann dasselbe wie das < *select_statement* >. Will man diese Abkürzung noch verbessern, dann erlaubt die Targetliste des CREATE VIEW-Befehls (s.o.: < *column_name* >, ...) die Targetliste von < *select_statement* > neu zu bezeichnen. Jedem Element der Targetliste des < *select_statement* > kann man also einen neuen Namen geben.

Man kann sich einen View aber auch also einen SELECT INTO-Befehl vorstellen. Die Tabelle, in die der SELECT INTO-Befehl die Ergebnisse einträgt, entspricht dann dem o.g. < *view_name* >; die Targetliste erlaubt, die Attribute der Ergebnistabelle neu zu bezeichnen.

Faßt man ein View als Abkürzung für einen SELECT-Befehl auf, dann kann

< *select_statement* > beliebige Funktionen, Aggregate, Ausdrücke enthalten. Dies ist nicht möglich, wenn man ein View als eingeschränkte Benutzersicht verwenden will. Denn die Verwendung folgender Möglichkeiten verhindert unausweichlich, daß der Benutzer seine virtuellen Tabellen auch verändert:

* Ein View als Benutzersicht darf nur Attribute enthalten, die direkt in eine echte Tabelle übernommen werden können.

* Ein View als Benutzersicht darf keine Aggregate enthalten.

* Ein UPDATE des Views darf in dem Fall auch nur auf eine Tabelle und nicht auf mehrere wirken.

* Wenn das < *select_statement* > des CREATE VIEW-Befehls eine < *qualification* > hat (vgl. SELECT-Befehl), dann ist kein IN-SERT mit dem View möglich.

Wenn virtuelle Tabellen definiert sind, lassen sich die zugehörigen Basistabellen nur löschen, nachdem alle Views gelöscht wurden.

6.2.9 CREATE-INDEX-Befehl

Nicht alle SQL-Systeme kennen den CREATE INDEX-Befehl in der vorliegenden Form. Dieser Befehl dient nämlich zur Festlegung der Speicherstruktur und enthält deshalb Parameter, die von Datenbanksystem zu Datenbanksystem unterschiedlich sind. Jedes SQL-System bietet jedoch mit dem CREATE INDEX-Befehl auf irgendeine Weise die Möglichkeit, einen Index zu definieren.

Die Aufgabe des CREATE INDEX-Befehls ist, die Indexstruktur einer Tabelle in Abhängigkeit von den Erfordernissen einer EDV-Anwendung festzulegen. Die Steuerungsmöglichkeiten sind dabei allerdings gering. Für die Organisation einer Indexstruktur , die ja eine Baumstruktur ist, auf einer Magnetplatte hat sich nämlich eine bestimmte Technik durchgesetzt. Es handelt sich dabei um die bereits in Kap. 4 beschriebene Organisation des Indexbaums. Man nennt diese inzwischen weitverbreitete Organisation von Indexbäumen auch B-Bäume (Bayer-Bäume).

Der Befehl hat folgende Syntax:

> **create** [**unique**] [**clustered** | **nonclustered**] **index**
>> **on** < *table_name* >   (< *column_name* >, ...)
>> [**with** < *option_list* >]

Mit folgenden Erläuterungen ist der Befehl von selbst verständlich:

* **Ein Index heißt unique**, wenn jeder Schlüsselwert nur einmal auftreten kann.

* **clustered** heißt ein Index, der Primärschlüssel ist (vgl. dazu Kapitel 4). Daraus folgt bereits, daß pro Tabelle nur ein "clustered index" zulässig ist. Weil ein "clustered index" festlegt, wie die Tabelleneinträge physikalisch auf der Platte gespeichert werden, sollte genau überlegt werden, welchen Index man hierfür vorsieht. In der Regel muß diese Festlegung auch getroffen werden, solange die Tabelle noch leer ist. Eine spätere Festlegung bzw. eine Umdefinition des "clustered index" führt zu einer Umspeicherung.

* **nonclustered** ist ein Index, der als invertierte Liste aufgebaut wird (vgl. Kapitel 4). Ein Index, über den häufig zugegriffen wird, sollte also als "clustered index" definiert werden.

Die < *option_list* > kann z.B. folgende Möglichkeiten eröffnen:

* Ein Füllfaktor für die Belegung der Datenblöcke wird angegeben. So heißt z.B. "**with fillfactor** = 30", daß beim Laden einer Tabelle die Datenblöcke, die diesen Index aufnehmen, nur zu 30 Prozent gefüllt werden dürfen. Die restlichen 70 Prozent sollen während des Ladens leer bleiben und erst später, beim Arbeiten mit der Datenbank und der Tabelle, benutzt werden. Man erreicht durch diese Festlegungen, daß das Datenbanksystem während des Arbeitens mit einer Tabelle durch Einfügen neuer Indizes lange Zeit ohne ein Block-Splitting auskommt. Dadurch werden die Indexblöcke auf der Magnetplatte möglichst zusammenhängend gespeichert. Das beschleunigt die Verarbeitung, da es zu weniger und vor allem auch kürzeren Bewegungen des Lese- und Schreibarms der Magnetplatte führt. Je kürzer die Bewegung des Lese-/Schreibarms ist, um so schneller ist auch der Zugriff: Die Zugriffsdauer steigt i.d.R. nicht linear in Abhängigkeit von der Anzahl der vom Lese-/Schreibarm beim Zugriff zu überquerenden Zylinder an, sondern folgt einer Treppenfunktion.

* Aus demselben Grund ist es sinnvoll, leere Blöcke zwischen den Datenblöcken für künftige Einfügungen vorzusehen. Die Anzahl gibt man z.B. mit "**skip** = 3" an.

6.2.10 DROP-Befehle

Die DROP-Befehle dienen zum Löschen von Objekten (virtuelle Tabellen oder Basistabellen), Indizes bzw. Datenbanken.

Die drei Varianten des DROP-Befehls haben folgende Syntax:

Löschen eines Objekts:

> **drop** < *object_name* >, ...

Löschen eines Index:

> **drop** [unique] [clustered | nonclustered] **index**
> [on] < *table_name* > (< *column_name* >, ...)

Löschen einer Datenbank:

> **drop database** < *database_name* >, ...

Die Befehle CREATE INDEX und DROP INDEX zeigen die Flexibilität einer SQL-Datenbank sehr deutlich. Oftmals stellt man beim Betrieb einer Datenbank fest, daß die Anforderungen der Anwender im Laufe der Jahre Wandlungen unterliegen. So kann ein Zugriff, der während der Aufbauphase einer Datenbank sehr wichtig war und häufig vorkam, im Laufe der Zeit völlig unwichtig werden. DROP INDEX und CREATE INDEX erlauben, in solchen Fällen schnell auf einen Index zu verzichten bzw. rasch einen neuen, vom Zugriff her schnellen Pfad aufzubauen. (vgl. auch Übungsaufgaben in Kapitel 4).

Den DROP DATABASE-Befehl kann i.d.R. nur der Systemverwalter durchführen, nachdem er vorher die Systemdatenbank SYSTEM geöffnet hat.

6.2.11 ALTER-Befehl

Die auf dem Markt angebotenen SQL-Datenbanken haben unterschiedliche ALTER-Befehle. Bei manchen gehört der ALTER-Befehl wie CREATE INDEX zur SSL . Er dient dann beispielsweise dazu, den für eine Datenbank belegten Platz zu erweitern. Die < *option_list* > in der nachfolgenden Syntax-Beschreibung hat dieselbe Bedeutung wie bei CREATE DATABASE.

Syntax dieses Befehls:

Format 1: Ändern der Speicherorganisation einer Datenbank

alter < *database_name* >**with** < *option_list* >.

Manche SQL-Datenbanken bieten auch einen ALTER-Befehl zum Ändern der Attributdefinitionen von Tabellen an. Notwendig ist das in den Fällen, wo man beim Einspeichern von Daten — etwa mit SQLFCOPY (vgl. Kap. 6.2.4) — feststellt, daß ein Datenfeld nicht groß genug gewählt wurde und deshalb Attributeinträge verkürzt oder zur Einspeicherung gar nicht zugelassen werden. Hier hilft der folgende Befehl weiter:

Format 2: Ändern von Attributen

alter table < *object_name* > **modify** (< *column_name* > < *type* >)

<type> hat hier dieselbe Bedeutung wie beim CREATE TABLE-Kommando und bezeichnet einen Datentyp.

Im Zusammenhang mit der Besprechung des CREATE TABLE-Befehls (Kap. 6.2.3), wurde z.B. eine Relation *Abteilung* mit einem Attribut *Bezeichnung*, das nur 10 Zeichen umfaßte, kreiert:

    CREATE TABLE abteilung (bezeichnung char(10),leiter char(15), -
        anzahl_mitarbeiter integer,standort char(20))

Das würde sich in der Praxis wohl rasch, etwa nach Einspeicherung der Angaben zu 10 Abteilungen, als zu klein erweisen. "Produktmarketing" könnte man beispielsweise nicht unterbringen; die früher häufig verwendeten Abkürzungen entsprechen auch nicht mehr dem Stand der Technik. Die Lösung besteht also nur darin, mit ALTER TABLE das Attribut *Bezeichnung* zu erweitern:

    ALTER TABLE abteilung MODIFY (bezeichnung char(30))

Eine Löschung der bereits eingebenen Daten für die 10 Abteilungen ist vor Ausführung des ALTER TABLE-Befehls nicht erforderlich. Die Umorganisation der bereits gespeicherten Daten führt ein gutes relationales Datenbanksystem selbst durch.

6.2.12 AUDIT-Befehl

In Kapitel 9 sind wichtige Ausführungen zur Sicherung von Datenbanken gegen Datenverlust und Datenverfälschung. Dabei wird auch dargestellt, wie durch ständiges Aufzeichnen aller Änderungen in der Datenbank auf einer sog. Logdatei (*Sicherungsdatei*) ein gewisser Schutz erreicht wird. Die SQL-Systeme verwenden diese Technik auch. Der AUDIT-Befehl erlaubt, die Sicherungsdatei auch zu anderen Zwecken als nur zur Reparatur einer zerstörten Datenbank zu verwenden. Er ist eigentlich nur ein SELECT-Befehl für eine bestimmte Relation, nämlich die Systemrelation TRANSACTION_LOG.

Der Befehl hat folgendes Format:

audit   [[*into*]   < *table_name* >] < *column_name* >, ...

                              [**from**   < *object_name* >, ...]

                              [**where** < *qualification* >]

Je nach System kann man für < *column_name* > aus einer Reihe von Attributen wählen. Welche dies genau sind, ist der jeweiligen Systembeschreibung zu entnehmen.

6.2.13 Definition einer Transaktion

Bei vielen Beispielen zu den einzelnen SELECT-Befehlen wurde deutlich,
daß

* viele Kommandos (z.B.: INSERT, UPDATE) nur auf eine einzige
  Relation wirken,
* nach der richtigen Durchführung eines solchen Kommandos noch
  lange keine richtige Datenbank entstanden ist.

Dazu wird nochmals auf das Beispiel der Kursbelegungen durch die Studenten Bezug genommen:

Wenn beispielsweise der Student "Häberle" ausscheidet, dann sind seine
Daten in der Tabelle *Studenten* und *Kursbelegungen* zu löschen. Wie
die nachfolgenden Tabellen zeigen, sind seine Daten nämlich in beiden
Tabellen.

Tabelle *Studenten*:

Name	Matrikelnr	Gebdatum	Hauptfach
Häberle	121498	22.07.60	Chemie
Schulz	129537	01.03.61	Chemie
Kirst	781109	12.06.60	Mathematik

Tabelle *Kursbelegungen*:

Matrikelnr	Kursnummer
781109	01
121498	12
129537	12
250071	09

Die Daten in der Tabelle *Studenten* würde man sicherheitshalber über
die eindeutige Matrikelnummer mit

DELETE FROM studenten WHERE matrikelnr=121498

löschen. Würde direkt nach Ausführung dieses Befehls der Rechner aufgrund eines Stromausfalls, eines Plattenfehlers oder aus anderen Gründen
ausfallen, dann hätte die Datenbank einen inhaltlich widersprüchlichen
Stand. Einerseits gäbe es die Matrikelnummer 121498 nicht mehr, andererseits hätte diese Matrikelnummer noch Kurse belegt.

Solche Widersprüche sind äußerst gefährlich. Kommen sie vor, weiß
man nämlich nicht, ob das Datenbanksystem des Herstellers, ein Anwendungsprogramm oder die Konzeption der Datenbank falsch ist. Findet
man im laufenden Echtbetrieb überhaupt einen solchen Fall, dann ist die

Fehlersuche enorm schwierig und es stellt sich immer die Frage: Ist eine Datenbank überhaupt noch etwas wert, wenn sie so gravierende Fehler enthält? Ist diesen Daten überhaupt noch zu vertrauen?

Damit solche Situationen gleich gar nicht auftreten können, kann man bei Datenbanksystemen Transaktionen definieren. Eine Transaktion besteht aus ein oder mehreren SQL-Kommandos, von denen entweder alle zusammen ausgeführt werden oder aber keines von allen ausgeführt wird. Diese Garantie wird durch systemtechnische Maßnahmen durch die Hersteller der Datenbanken ermöglicht. Der Benutzer kann durch die SQL-Kommandos, die in diesem Kapitel erklärt werden, festlegen, aus welchen SQL-Kommandos eine Transaktion bestehen soll.

Kapitel 9 enthält weitere allgemeine Ausführungen über den Zweck einer Transaktion.

Definition eines Checkpoints
(Wiederanlaufpunkt nach Systemausfall):

> **sync**
>
>> Der SYNC-Befehl veranlaßt SQL, daß sämtliche, im Speicher befindliche Datenpuffer sofort auf die Datenträger geschrieben werden. Damit ist ein konsistenter (also: widerspruchsfreier) Zustand der Datenbank erreicht.

Definition von Transaktionen:

1. **set autocommit { on | off }**
2. **commit work**

>> Beide Befehle dienen der Definition einer Transaktion. Der erste besagt, daß jeder einzelne SQL-Befehl als Transaktion aufzufassen ist (SET AUTOCOMMIT ON) bzw. daß dies nicht mehr so sein soll (SET AUTOCOMMIT OFF). Der zweite Befehl definiert das Ende einer Transaktion, falls vorher irgendwann einmal SET AUTOCOMMIT OFF gegeben wurde. Alle Befehle zwischen SET AUTOCOMMIT OFF und COMMIT WORK sowie alle Befehle zwischen zwei aufeinanderfolgenden COMMIT WORK bilden eine Transaktion.

Rückfahren einer Transaktion:

rollback work

> Falls man im Transaktionsmodus mit SET AU-TOCOMMIT OFF arbeitet, kann es vorkommen, daß man etwa aufgrund einer Fehlersituation oder weil der Benutzer am Terminal aus praktischen Gründen den Dialog abbrechen will (z.B.: ein Interessent zieht seine Bestellung zurück, ein Reisebürokunde will im letzten Moment doch nicht reisen, usw.), die gesamte, bereits begonnene Transaktion abbrechen muß. Das programmtechnische Mittel dazu ist ROLLBACK WORK.

Beispiel:

Mit diesen Befehl kann das o.g. Problem, die Daten eines Studenten zu löschen, ohne daß Inkonsistenzen auftreten, leicht gelöst werden:

```
SET AUTOCOMMIT OFF
DELETE FROM studenten WHERE matrikelnr = 121498
DELETE FROM kursbelegungen WHERE matrikelnr = 121498
COMMIT WORK
```

Und, wollte man weitere Stundentenangaben löschen, würde man fortfahren:

```
DELETE FROM studenten WHERE matrikelnr = 781109
DELETE FROM kursbelegungen WHERE matrikelnr = 781109
COMMIT WORK
```

6.2.14 Verlassen des SQL-Programms

Anfangs wurde davon ausgegangen, daß am Terminal ein Programm namens SQL aufgerufen, und alle SQL-Kommandos darüber eingegeben
werden. Damit das Programm SQL auch ordnungsgemäß beendet werden kann, benötigt man einen EXIT-Befehl. Er hat die einfache Form:

exit

und führt den Benutzer wieder in das Betriebssystem seines Rechners
zurück.

6.3 Normalformenlehre

Das Ziel dieses Kapitels ist, die in Kapitel 6.1 dargestellte Vorgehensweise zum Entwurf von Datenbanken und Relationen allgemeiner zu fassen. Dies gelingt mit Hilfe der Codd'schen Normalformenlehre. Sie zeigt, wie man ausgehend von beliebigen, in der Praxis vorkommenden Beziehungen zwischen Datenelementen fast beliebiger Struktur zu einem Satz von Relationen zur Darstellung dieser Beziehungen und Strukturen in einer relationalen Datenbank kommt. Man nennt diesen Arbeitsprozeß auch kurz Normalisierung.

Der Leser sollte sich die Gründe, die eine Normalisierung erforderlich machen, nochmals vergegenwärtigen. (vgl. Kap. 6.1).

Codd unterscheidet drei Normalformen (NF):

(1.NF) Eine Relation $R \subseteq M_1 \times \ldots \times M_n$ heißt normalisiert oder in 1. Normalform, wenn die Mengen M_i selbst keine Relationen, sondern elementare Mengen sind.

Wenn eine Relation R nicht in erster Normalform ist, entstehen die folgenden Nachteile:

* Unklar ist, wie die Teilrelationen in der Tabelle dargestellt werden können.

* Mehrfachspeicherung derselben Einzelangaben (Redundanz) lassen sich nicht vermeiden.

* Unerwünschte Abhängigkeiten entstehen: so werden etwa beim Löschen aller Daten der Mitarbeiter einer Abteilung automatisch auch alle Daten über die Abteilung mit gelöscht.

Zur Formulierung der zweiten Normalform benötigt man noch folgende Definition:

Ein Schlüssel einer Tabelle (Relation) ist ein Attribut oder eine Kombination mehrerer Attribute dieser Relation, die einen Eintrag in die Tabelle (ein Tupel der Relation) eindeutig bestimmen. Ein Primärschlüssel ist ein Schlüssel, den man zur Identifikation der Tabelleneinträge wählte.

Etwas genauer heißt das:

Gegeben sei eine Relation $R \subseteq M_1 \times \ldots \times M_n$. Dann gilt:

(D1) Die Attribute $M_i, \ldots, M_{i+j}$ heißen abhängig von den Attributen $M_k, \ldots, M_{k+l}$, wenn

$$\forall\, (x_k, ..., x_{k+l}) \in M_k \times ... \times M_{k+l}\ \exists|\ (x_i, ..., x_{i+j}) \in M_i \times ... \times M_{i+j}$$
$$\text{mit } (x_k, ..., x_{k+1})\ R\ (x_i, ..., x_{i+j}).$$

Dabei ist $\forall$ der All- und $\exists$ der Existenzquantor. $\exists|$ heißt: Es gibt genau ein Element, der beschriebenen Eigenschaft. aRb bedeutet, daß a zu b in der Relation R steht.

Wenn das Attribut B vom Attribut A abhängig ist, wird dies auch so dargestellt: $A \longrightarrow B$. Den gegenteiligen Sachverhalt stellt man durch $A \not\longrightarrow B$ dar.

(D2) Ein Schlüssel K einer Relation $R \subseteq M_1 \times ... \times M_n$ ist eine Menge von Attributen $M_i, ... M_{i+j}$, so daß ,

    (a) $\{M_i, ..., M_{i+j}\} \longrightarrow \{M_1, ..., M_n\}$

    (b) $\forall k \in \{i, ..., i+j\}(\ \{M_i, ... M_{i+j}\} - \{M_k\} \not\longrightarrow \{M_1, ..., M_n\})$

Durch die Bedingung (b) wird sichergestellt, daß die als Schlüssel herangezogenen Attribute eine Minimalmenge darstellen.

(2.NF) Eine Relation $R \subseteq M_1 \times ... \times M_n$ heißt in der 2. Normalform, wenn sie in der 1. Normalform ist und zusätzlich alle Nicht-Schlüsselattribute voll funktional von den Schlüsselattributen abhängig sind.

Diese Definition ist nur ein weiterer Schritt zum Ziel. Denn auch wenn eine Relation R in der 2.NF ist, kann es immer noch sog. Änderungsanomalien geben. Zur Veranschaulichung ist eine Relation mit mehrattributigem Primärschlüssel erforderlich. Alle Relationen, die in der 1.NF sind und einen Primärschlüssel aus einem einzigen Attribut haben, sind nämlich in der 2. und 3. NF.

Beispiel:

Abt.-Nr	Mitarb.-Nr	Name	Standort	Gehalt	Abt.-Leiter
01	001	Hinz	München	2a	Schneider
01	002	Kunz	München	4	Schneider
01	012	Adel	München	1	Schneider
04	012	Knapp	Ulm	1	Kirsten
...	...	...	...	...	...

Der Primärschlüssel ist das Paar (Abt.-Nr, Mitarbeiter-Nr.).

Die Tabelle ist in der 1. und 2. NF.

Ändert sich etwas in den rein abteilungsbezogenen Daten Standort oder Abteilungsleiter, dann müssen alle Mitarbeiterdatensätze verändert werden (Änderungsanomalie).
Erst die dritte Normalform führt zu redundanzfreien Datenbanken.

Vorher ist jedoch noch der Begriff der transitiven Abhängigkeit einzuführen. Mit ihm soll ausgedrückt werden, daß die für Änderungsanomalien ursächliche Vermischung zweier strukturell zusammenhängender Datenelemente — z.B. Abteilungs- und Mitarbeiterdatensatz — in einer Tabelle vorliegt.

Gegeben sei eine Relation $R \subseteq M_1 \times \ldots \times M_n$. Das Attribut M_w heißt transitiv abhängig vom Attribut M_u, wenn es ein Attribut M_v gibt, so daß

$$M_u \longrightarrow M_v$$

$$M_v \longrightarrow M_w \text{ und}$$

$$M_v \not\longrightarrow M_u.$$

Diese letzte Bedingung ist wichtig. Sie heißt: M_v und M_u sind keine inhaltsgleichen, also durcheinander ersetzbaren Attribute. Oder anders ausgedrückt: Es gibt keine Bijektion $M_v \rightarrow M_u$.

(3.NF) Eine Relation $R \subseteq M_1 \times \ldots \times M_n$ ist in der 3. Normalform, wenn sie in der 2. Normalform ist und zusätzlich für alle Nicht-Schlüsselattribute M_a gilt: es gibt keinen Primärschlüssel, von dem M_a transitiv abhängig ist.

An dieser Stelle fragt sich jeder Praktiker natürlich, ob es einen Algorithmus gibt, der "automatisch" zu Relationen der dritten Normalform führt. Das ist nur teilweise der Fall:
Vorausgesetzt werde eine Relation $R \subseteq K_1 \times \ldots \times K_n$. Alle K_i können beliebige endliche Mengen, also auch Relationen sein.

* Falls R nicht in der 1. NF ist, bezeichnet man die Relationen in den K_i mit $R_{i_1}, \ldots, R_{i_m}$, die darin enthaltenen mit $R_{i_{1_1}}, \ldots, R_{i_{j_k}}$ usw., bis alles auf elementare Mengen reduziert ist.
  Entsprechend Kapitel 6.1 definiert man jetzt für jede übergeordnete Relation (*Parent-Element*) einen Primärschlüssel und erweitert alle nachgeordneten Relationen damit. Am Ende dieses Prozesses stehen eine Reihe von Relationen $R_1, \ldots, R_t$, die in der 1. NF sind.

* Durch inhaltliche Analyse sind die Relationen $R_1, ..., R_n$ auf die
  2. und danach auf die 3. NF zu bringen. Dies geschieht ebenfalls wieder durch Definition weiterer Schlüssel (falls $R_1, .., R_n$ nicht
  bereits in der 3. NF sind). Dadurch entsteht ein neuer Satz von
  Relationen: $T_1, ..., T_v$ *mit* $v \geq n$.
  Dieser Schritt ist nicht automatisierbar, da er eine **inhaltliche**
  Analyse der Datenstrukturen erfordert. Oftmals ist sogar notwendig, über den Wertebereich einzelner Attribute Annahmen zu
  machen, um die Abhängigkeiten korrekt zu erkennen. Diese Annahmen kann i.d.R. der Informatiker ohne den jeweiligen Fach-
  mann des zu automatisierenden Fachgebiets gar nicht zweckmäßig
  formulieren.

* Möglich ist, daß durch die geschilderte Vorgehensweise mehr Relationen entstanden als eigentlich notwendig. Deshalb ist zu prüfen,
  ob mehrere Tabellen denselben Primärschlüssel haben und ob sie
  zusammengelegt werden können. Aus Gründen der Zugriffsopti-
  mierung oder weil ein Datenbanksystem nur eine beschränkte Zahl
  von Attributen pro Relation zuläßt, teilt man oftmals eine Relation R in mehrere Teile auf, obwohl R in der 3.NF ist. So kann
  man Daten, die man häufig braucht, in einer eigenen Relation
  $R' \subset R$ ablegen; $R - R'$ enthält dann z.B. relativ viel Speicherplatz
  verbrauchende, aber wenig genutzte Attribute.

6.4 Ein Beispiel für die Praxis

Wer in der Praxis Datenbanken einrichten und betreiben muß, hat es nicht einfach: Die Anwender erklären ihre Probleme und Vorstellungen oft in einer Sprache, die der Informatiker fast nicht versteht. Ihre Überlegungen und Wünsche kann er i.d.R. nur zu einem geringen Bruchteil nachvollziehen. Dem Anwender geht es kein bißchen besser: Das Denken in Datenstrukturen, die Bedeutung der Konzeptionsphase für das Einrichten einer Datenbank sowie Sicherheits- und Performanceüberlegungen der Datenbankexperten sind ihm fremd. Voraussetzung für den geglückten Entwurf eines auf Dauer geeigneten Datenbankkonzepts ist deshalb die Bereitschaft der Anwender und der Datenbankspezialisten, die im Anwendungsbereich auftretenden Datenstrukturen detailliert, vollständig und fehlerlos zusammenzustellen. Vor allem der Informatiker muß dabei zeigen, daß er zuhören kann, daß er sich in fremde Fachgebiete eindenken kann und will, daß er seine eigenen Überlegungen ständig revidieren kann, daß er ein geduldiger und geschickter Frager ist und jedwede Arroganz beiseite läßt.

Obwohl es kaum einem Anwender schnell genug geht und fast alles schon fertig sein soll, bevor es begonnen wird, muß das Datenbankdesign systematisch hergeleitet werden. Wer einfach mit einer Tabelle anfängt und hofft, daß sich der Rest durch Hinzufügen weiterer Tabellen schon geben wird, baut auf Sand: Laufende Re-Designs, der Kampf mit den lästigen Folgen von Änderungsanomalien und ein weit schlimmerer Zeitverzug als bei einem ordnungsgemäßen Vorgehen sind die Folge.

Folgende Arbeitsweise hat sich bewährt und sollte eingehalten werden:
1. Einarbeitung in den zu automatisierenden Fachbereich.
2. Entwurf einer Datenstruktur entsprechend den Kap. 3, 4 und 6.1.
3. Bildliche Darstellung dieser Struktur.
4. Besprechung der Struktur mit den künftigen Anwendern.
   Man muß die Anwender hierbei immer deutlich auf die mit dem jeweiligen Konzept verbundenen Restriktionen in der Darstellung von Sachverhalten hinweisen. Auf diese Weise kann man feststellen, ob der Anwender tatsächlich mit dem aktuellen Entwurf einer Datenstruktur arbeiten könnte.
5. Falls die Besprechung zu Änderungen führt:
   Zurück zu Schritt Nr. 1 oder 2. Die Datenstruktur muß neu konzipiert werden. Dabei soll man keinesfalls zögern, auch einmal "wieder ganz von vorne anzufangen" und eine alternative Struktur zu entwickeln.
6. Überführung in die Normalform und Entwurf der einzelnen Relationen gemäß Kap. 6.1, 6.3.

7. Schreibtischtest:

   Kann das Problem des Anwenders so gelöst werden?

   Treten Änderungsanomalien auf?

   Sind Weiterentwicklungen möglich?

   Manche Änderungsanomalien kann man in Kauf nehmen. Dabei muß
   aber ganz sicher sein, daß der Anwender mitmacht und die Konse-
   quenzen versteht. — Falls der Schreibtischtest Fehler oder Probleme
   aufzeigte, müssen die vorigen Schritte wiederholt werden, notfalls
   sogar Schritt 1.

8. Realisierung:

   Hierbei empfiehlt es sich, zuerst mit Hilfe der SQL-Kommandos die
   Relationen einzurichten und diese Kommandos in Kommandoproze-
   duren des jeweiligen Betriebssystems zu speichern. Das erleichtert
   Änderungen, ggfls. das Erstellen von Fehlermeldungen an den Her-
   steller eines Datenbanksystems und den Export (*die Portierung*) einer
   Software auf andere Rechner.

9. Praktischer Test:

   Alle Schritte einer Softwareentwicklung sollten laufend getestet werden. Je früher man einen Fehler findet, um so leichter läßt er sich
   beheben!

Nach diesen Vorbemerkungen wird anschließend die **Aufgabenstellung**
formuliert:

```
Ein Unternehmen, das Maschinen herstellt, möchte in ei-
ner Stücklistendatenbank speichern,  welche Einzelteile
in welcher Anzahl in bestimmten Modellen seines Produkt-
spektrums vorkommen.  Es soll hierbei möglich sein fest-
zustellen, welche Serien der Zulieferer in welche
Maschinen eingebaut wurden und welche Kunden diese
Maschinen erhielten.  So sollen bei Reklamationen
Abfragen auf häufig fehlerhafte Teile zugelieferter
Einzelteilserien möglich sein.
Falls zugelieferte Einzelteile bestimmter Seriennummern
in großem Umfang im Feld versagen, sollen Rückrufaktionen
durchgeführt werden.

1. Wie sieht das Datenbankdesign aus?
2. Mit welchem SELECT-Kommando erfährt man die Zuliefer-
   er der Bestandteile des von einer Rückrufaktion
   betroffenen Produkts?
```

3. Wie sieht die Datenbank aus, wenn die Daten der hergestellten Produkte und die Daten der in diesen Produkten eingebauten Teile in einer einzigen Relation
   zu speichern sind?
   Anmerkung:
   Diese Aufgabe stellt sich, wenn der Datensatz der
   - selbst hergestellten oder gekauften - Einzelteile
   dieselben Datenfelder hat wie der Datensatz
   der selbst hergestellten Produkte.

Man sollte jetzt diese drei Aufgaben in der angegebenen Reihenfolge zu
lösen versuchen, ohne der Versuchung zu erliegen, vor einem ernsthaften
Versuch die nachfolgend abgedruckten Lösungshinweise zu der Aufgabe
durchzusehen.

Lösungshinweise:

* **Falls das zu lösende Problem von der Anwendungsseite
  her nicht klar ist**, sollte man es sich an einem Beispiel verdeutlichen: In einer Stücklistendatenbank ist z.B. vermerkt, daß in die
  Bohrmaschine des Typs *Alpha/3, Seriennummern 001 bis 875* sieben
  5/8-Zoll-Schrauben des Herstellers *Zwang GmbH* der Charge *B 1745*
  eingebaut wurden. Weiter sei ein Elektromotor der Firma *AC Inc.*
  des Typs *wrap 2000* eingebaut, usw.
  Hilfreich ist u.U. auch, wenn sich die Aufgabe am Beispiel eines
  einfachen Produkts — z.B. eines Tischs mit vier Füßen, vier Schrau-
  ben, einem Rahmen unter der Tischplatte und der Platte — zu
  verdeutlichen.
  Damit sollte es gelingen, das Problem zu lösen.

* **Falls keine passenden Datenstrukturen gefunden werden,**
  sollte man sich folgendes vor Augen halten:
  Die Aufgabe enthält mehrere Netzstrukturen:
    - Beispielsweise kann eine Lieferfirma mehrere, unterschiedliche
      Einzelteile, etwa ein Kabel für eine elektrische Bohrmaschine,
      liefern. Außerdem können mehrere Lieferanten ein funk-
      tional gleichwertiges Kabel für die Bohrmaschinen eines be-
      stimmten Typs liefern. Die Beziehung zwischen den Knoten
      Lieferanten und *Einzelteile* ist also eine n:m-Beziehung.
    - Zudem kann ein Einzelteil in mehreren Endprodukten der
      Firma, also z.B. in einer Bohr- und in einer Hobelmaschi-
      ne, vorkommen. Und umgekehrt besteht eine Maschine aus
      mehreren Einzelteilen. Also: zwischen dem Knoten *Produkte*
      und dem Knoten *Einzelteile* besteht eine n:m-Beziehung.

Um die allgemeine Vorgehensweise darzustellen, reicht es, sich
jetzt auf die Realisierung der Netzstruktur zur Beschreibung der
Einzelteile eines Produkts zu beschränken. Die anderen n:m-
Beziehungen löst man analog. Baumstrukturen (also 1:n-Beziehun-
gen) dieser Aufgabe löst man so, wie in Kap. 6.1.1 und in den
nachfolgenden Beispielen beschrieben.

Während eines Datenbankdesigns sind eine ganze Reihe von Ent-
scheidungen zu treffen. In der Praxis findet hierbei natürlich ein
intensiver Dialog mit der Anwendungsentwicklung statt. Bei einer
Übungsaufgabe ist natürlich fast jede Vereinfachung erlaubt. An
dieser Stelle ist beispielsweise zu entscheiden: Muß jedes herge-
stellte Produkt einzeln mit den tatsächlich verwendeten Einzelteilen (u.U. noch einschließlich der Seriennummer) registriert werden? Oder will man jede Serie eines Modells pauschal mit seinen

funktional beschriebenen Einzelteilen (die u.U. von unterschiedlichen Herstellern kommen) beschreiben? Die Vorgehensweise ist zwar grundsätzlich dieselbe, die einzelnen Datensätze haben jedoch andere Datenfelder.

Bei einer pauschalen Beschreibung kommt man zu einem Netz mit den Knoten *Produkt* und *Einzelteile*. Die n:m-Beziehung zwischen diesen Knoten löst man durch Einführung eines Pseudoknotens (vgl. Kap. 3.3, 6.1.2; Einführung von *Kurseintrag* bei dem Netz Studenten/Kurse). Man kann diesem Knoten hier die Bezeichnung *Bestandteile* geben.

* **Falls unklar ist, welche Attribute die einzelnen Relationen erhalten sollen,** ist es sinnvoll, Kap. 6.1, 6.3 nachzulesen. Die Tabelleneinträge der Relationen *Produkte, Einzelteile* erhalten eindeutige Nummern (vgl. Kap. 6.1.1, 6.1.2). Die Relation *Bestandteile* enthält Nummernpaare, die die Zusammensetzung eines Produkts aus Einzelteilen beschreiben. Die eine Nummer dieses Paars ist die *Produktnummer*, die andere ist die *Einzelteilnummer*. Abgesehen von dieser rein technischen Verknüpfung enthält die Relation *Bestandteile* noch die Anzahl der eingebauten Einzelteile. Die Relation *Produkte* enthält noch Attribute wie *Produktnummer, Modellbezeichnung, Seriennummer, produzierte Anzahl,* ....
Die Relation *Einzelteile* enthält Attribute wie *Einzelteilnummer, Chargen-Nr, Bezeichnung,* ...

* **Falls das SELECT-Kommando Probleme bereitet,** kann es hier nachgelesen werden:
SELECT e.lieferanten-nummer FROM einzelteile e,bestandteile b-
  WHERE e.einzelteil-nr = b.einzelteil-nr - *Das ist der Join!*
  AND b.produkt-nr = "5719" *Nummer des fehlerhaften Produkts!*

* **Falls die Verwendung ein und desselben Datensatzes zur Beschreibung der Produkte und der Einzelteile Schwierigkeiten macht,** hilft folgender Hinweis weiter:
Durch die Forderung, einen Datensatz für die Einzelteile und die Produkte zu verwenden, wird die Relation *Einzelteile* überflüssig. Es bleibt nur noch die Relation *Produkte*, die natürlich mit sinnvoll definierten Attributen auszustatten ist. Die Verknüpfung der n:m-Beziehung realisiert man wie bisher mit einer Tabelle *Bestandteile*, die jetzt aber zwei Attribute *Produktnummer$_1$* und *Produktnummer$_2$* als Nummernpaar enthält. Beide Attribute enthalten Produktnummern aus der Relation Produkte. *Produktnummer$_1$* enthält jedoch die selbst hergestellten Endprodukte, *Produktnummer$_2$* demgegenüber die Nummer der Einzelteile. Mit dieser

Vereinbarung vor Augen kann man die erforderlichen Joins über die Tabelle *Bestandteile* herstellen.

Lösung:

Eine für alle Firmen richtige Lösung kann es bei dieser Aufgabe nicht geben. Hier kann man sich deshalb auf eine Darstellung des schwierigsten und — aus Sicht der Datenbanktechnik — wichtigsten Teils der Aufgabe beschränken. Er besteht in der Frage 3. Anhand der folgenden Beispieltabellen läßt sich die Verknüpfung und die unter "Lösungshinweise" oben gegebene Beschreibung gedanklich nachvollziehen:

Relation *Produkte*

Produktnr.	Produktbez.	Serienummer	Preis
001	3/8"-Schraube	S-87-03E	0.05 DM
002	1.5m Kabel	—	5.76 DM
003	Bohrmaschine X3	X3-00002	276.01 DM

Tabelle *Bestandteile*:

Produktnummer$_1$ = Endprodukt-Nr.	Produktnummer$_2$ = Einzelteil-Nr.	Anzahl
003	001	4
003	002	1
...	...	...

Dabei sind *Produktnummer$_1$*, *Produktnummer$_2$* Bezeichnungen, die nur aus EDV-technischen Gründen zur Realisierung der n:m-Beziehungen gewählt wurden. Diese Nummern werden Benutzern der Datenbank gar nicht genannt. Die *Seriennummer* ist demgegenüber die Nummer, die nach außen hin sichtbar wird und etwa auf Etiketten ausgedruckt ist.

6.5 Künftige SQL-Funktionen

Derzeit stehen einige Automationsaufgaben an, die mit den bis jetzt besprochenen SQL-Funktionen nicht oder nicht befriedigend gelöst werden können. Es handelt sich hierbei um Aufgaben aus dem Bereich der Bürokommunikation, des CAD/CAM (*computer aided design, computer aided manufacturing*) und der Wissensrepräsentation. Die spezifischen Probleme und Anforderungen an SQL werden nachfolgend erläutert:

Die Produkte zur **Bürokommunikation** erlauben den Bildschirmbenutzern, mit Hilfe eines Textsystems Texte am Bildschirm einzutippen, sie in besonderen Datensammlungen — sie heißen u.a. Ordner, Notizblock, Privatarchiv, allgemeines Archiv — abzulegen, von dort wieder zu holen und zu ändern. Außerdem kann der Benutzer solche Texte mit Bildern, anderen Texten und sogar gesprochenen Texten kombinieren, das so entstandene neue Dokument wiederum in den o.g. Dokumentbanken ablegen, oder als "elektronische Post" versenden. Natürlich kann ein Benutzer auch selbst Post empfangen; sie liegt üblicherweise in einem besonderen elektronischen Ordner, seinem Posteingangskorb. Für alle Tätigkeiten sind natürlich Berechtigungen erforderlich, die in diesem Zusammenhang jedoch nur am Rande interessieren. Zusammenfassend wird deutlich: Die normale Büroumgebung ist in einem Bürokommunikationssystem per Programm nachgebildet worden.

Will man die Dokumente, Ordner und Archive mit Hilfe einer relationalen Datenbanktechnologie und SQL verwalten, dann sind über die bereits beschriebenen traditionellen Datenbankfunktionen hinaus weitere Funktionen zu realisieren:

* Für die Speicherung gesprochener Sprache sind besondere Datenfeld-Typen und besondere Eingabemöglichkeiten zu realisieren. Denkbar ist beispielsweise, daß auf einem Bürokommunikationsterminal, in das normalerweise ein Telefonanschluß incl. Lautsprecher integriert ist, eine Eingabemaske erscheint und Spracheingabefelder dort mit einem kleinen Telefonhörer bildlich gekennzeichnet sind. Wenn der Positionsanzeiger des Bildschirms (*Cursor*) darauf steht, kann der Benutzer dann über die Sprechmuschel seines Telefons Daten eingeben. Die Ausgabe von Sprachmitteilungen könnte sofort beim Abruf eines Datensatzes mit Sprachinformation über den Lautsprecher (oder Kopfhörer) erfolgen.

* Problematisch ist mit dem heutigen SQL jedoch bereits die Speicherung von Texten. Manche Anwender definieren pro Textzeile einfach ein Character-Feld mit 80 Zeichen. Diese Vorgehensweise entspricht jedoch nicht den Anforderungen an ein ordentliches

Datenbankdesign: Die Datenbank besitzt Mehrfachfelder, nämlich die Zeilen, und ist somit nicht in der 3. Normalform. Änderungsanomalien und eine lästige Handhabung sind die unvermeidbare Folge. Folglich muß eine bessere, neue Methode zur Speicherung von Texten in relationalen Datenbanken realisiert werden.

* Dabei reicht es nicht, einfach nur Texte in Datenfelder des neu zu schaffenden Typs "Text" abzulegen. Notwendig ist darüber hinaus, einzelne Textversionen so zu verwalten, daß bei der Texterstellung durch mehrere Autoren jederzeit klar ist, welche Textteile welcher Verfasser eingab. Das ist in Behörden und bei Unternehmen notwendig, damit etwa bei Verträgen, eingegangenen Verpflichtungen und wichtigen Geschäftsbriefen immer klar ist, welcher Mitarbeiter für welche Formulierung (und ihre Folgen) verantwortlich ist. In manchen Fällen ist es auch wichtig zu speichern, welchen Text eines Brief- oder Vertragsentwurfs ein Vorgesetzter gestrichen hat, wann das war und evtl. sogar, von welchem Bildschirm aus die Änderung erfolgte.

* Will man auf die herkömmliche Aktenführung (Ausdrucken von Briefen und materielle Ablage in einem Archiv) verzichten und möglichst viele Dokumente nur noch auf elektronischen oder optischen Datenträgern speichern, dann muß zusätzlich ein Schutz vor unbefugtem Löschen und ein weitestgehend fälschungssicherer Nachweis der Urheberschaft gespeichert werden. In Frage kommen hierfür vor allem sog. elektronische Unterschriften, die mit Hilfe von Verschlüsselungsmethoden realisiert werden. Offen ist allerdings noch, inwieweit der Gesetzgeber einzelne Methoden als Ersatz für eine herkömmliche manuelle Unterschrift akzeptiert.

* Die künftige Speichertechnik muß zudem eine Speicherung von Grafiken und Bildern, die von Scannern oder anders eingelesen wurden, zusammen mit den Texten und Sprachinformationen zulassen.

Diese Aufzählung zeigt bereits, daß die SQL-Funktionalität erheblich erweitert werden muß. Dabei kommt es nicht nur darauf an, neue Speichertechniken zu finden, sondern auch, sinnvolle Abfragen der gespeicherten Daten mit Hilfe eines erweiterten SELECT-Kommandos anzubieten.

Im Bereich des **CAD/CAM** treten ähnlich Probleme auf. Hier besteht die Aufgabe, große Abbildungen zu speichern und als Ganzes oder als Teil wieder abrufen zu können. Solche Abbildungen können Pläne komplizierter Schaltkreise, großer Fabrikgebäude, Lagepläne u. dgl. sein. Eine ganz wichtige Rolle spielt hierbei auch die Möglichkeit, die gespeicherten Daten mit Hilfe von Versionsnummern fortzuführen.

Weitere Anforderungen entstehen durch die kommenden **sog. wissensbasierten Systeme oder Expertensysteme.** Dabei handelt es sich um EDV-Verfahren, mit denen man besonders schwierige Aufgaben angehen will und die eine besonders flexible Anwendung ermöglichen. Das Aufgabengebiet gehört zum Bereich der künstlichen Intelligenz. Zentrale Aufgaben sind die Verarbeitung natürlich-sprachlicher, frei formatierter Texte, die automatische Analyse von Bildern (z.B.: Röntgenbildern), die Erkennung von Sprache sowie die Fähigkeit, per Videokamera aufgenommene Abläufe richtig zu erkennen und innerhalb vorgegebener Einschränkungen sinnvoll darauf zu reagieren. Man möchte solche Systeme auch als Hilfsmittel bei der Lösung besonders schwieriger Aufgaben einsetzen, etwa bei der Diagnose bestimmter Krankheiten.

Die Realisierung solcher EDV-Systeme dauert Jahre und erfordert die qualifizierte Zusammenarbeit von Spezialisten verschiedener Fachbereiche. Notwendig ist u.a., neue Programmiertechniken anzuwenden, das System durch Regeln zu steuern und zu den einzelnen Aufgabenbereichen eine Vielzahl von Daten zu speichern. Die so entstehenden Datensammlungen heißen Regeldatenbank und Wissensdatenbank. Die Programmiertechniken bestehen u.a. in der Anwendung rekursiver Funktionen (vgl. die Definition eines Baums in Kap. 3).

Ein effizienter Betrieb solcher Systeme ist nur möglich, wenn die erforderlichen Datenbanken eine gute Performance ermöglichen. Hier liegt sicher noch viel im argen. Das zeigt sich auch daran, daß bis Ende 1986, glaubt man entsprechenden sorgfältigen Untersuchungen, noch kein realisiertes Expertensystem eine Datenbasis auf einem externen Datenspeicher (Magnetplatte, optische Platte, Trommel usw.) benutzte. Eine Benutzung relationaler Datenbanken setzt in dem Bereich also eine hervorragende Performance — und das heißt sicher auch: eine effiziente SSL — voraus. Nur dann wird man etwa auf die bisher in herkömmlicher Dateistruktur realisierten semantischen Netze zur Bearbeitung linguistischer Probleme zugunsten einer relationalen Datenbank verzichten können. Zudem muß SQL dann auch rekursive Funktionsaufrufe etwa beim SELECT-Kommando bearbeiten können.

Die beschriebenen Funktionen fehlen natürlich nicht nur bei SQL und relationalen Datenbanken. Da diese Datenbanktechnik derzeit jedoch besonderen Anklang findet und bei neuen Automationsvorhaben genutzt wird, besteht hier ein besonders drängender Bedarf.

TEIL III   CODASYL-MODELL

7   Das CODASYL-Datenbankmodell

Weil immer noch Zweifel bestehen, ob relationale Datenbanken tatsächlich EDV-Verfahren effizient unterstützen können, die hunderten oder tausenden von Benutzern gleichzeitig zur Verfügung stehen müssen, wird nachfolgend das CODASYL-Modell (und in einem späteren Kapitel noch kurz das hierarchische Modell) erklärt. Weil das CODASYL-Modell aufgrund seiner vielen Datendefinitions- und Steuermöglichkeiten, die seinen Vorteil ausmachen, doch erheblich komplexer ist, als das relationale Modell, ist seine Beschreibung hier nicht in Form eines Datenbankpraktikums dargestellt. Das würde nämlich den Rahmen sprengen. Außerdem muß jeder, der ein CODASYL-Datenbanksystem anwenden will, sowieso seine herstellerspezifische Literatur durcharbeiten. Das Ziel ist hier, dem künftigen Programmierer einen schnellen Einstieg, dem Manager einen konkreten und fundierten Überblick und dem EDV-Laien ein Grundverständnis zu geben. Dem Programmierer wird dieses Kapitel die auf ihn zukommende trockene Lektüre sicher erleichtern. Ein weiteres Ziel ist, hier jedem Interessierten zu erklären, wie man mit bislang nicht erklärten Datenstrukturen Informationen geschickt verwalten kann. Um auch denjenigen, die nicht viel Zeit haben, diese Information wenigstens grob zu bieten, kommt nach einer kurzen Einführung in den Jargon des CODASYL-Modells eine informative Übersicht über wichtige Datenstrukturen des CODASYL-Modells.

Bevor die Einzelheiten der Programmierung von CODASYL-SYSTEMEN besprochen werden, sind also einige spezielle Begriffe des CODASYL-Vorschlags vorzustellen:

7.1 Konzeptionelle Überlegungen

Das Modell der CODASYL Data Base Task Group (DBTG) geht von folgender Grundstruktur der Daten aus:
Ein Datensatztyp "Record R_1" stehe in irgendeiner Relation zum Datensatztyp "Record R_2". Die zwischen R_1 und R_2 bestehende Beziehung nennt man Set (hier mit S abgekürzt). Dieser Sachverhalt wird folgendermaßen dargestellt:

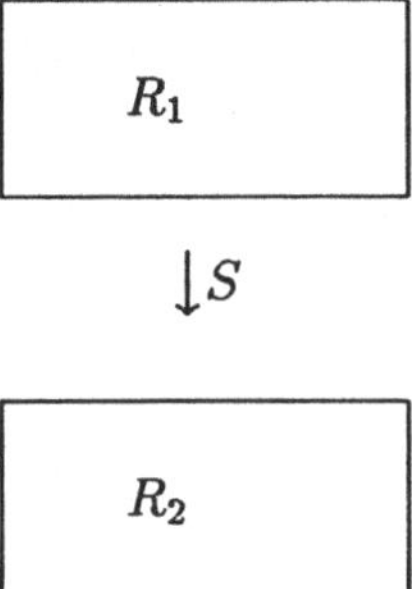

Abb. 15: Set S mit Satzarten R_1 und R_2

Beispiel:

Abteilungssatz	Abtlg-bezeichnung	Standort	Leiter

Set	"ist Mitarbeiter"

Mitarbeitersatz	Name	Aufgabe	Titel

Bei einem Set S

nennt man **O** Owner und **M** Member bezüglich des Sets S.

Um diese Struktur tiefer zu verstehen, muß man wissen, wie ihre Occurrences aussehen. Hier gilt:

* Ein Owner-Datensatztyp kann beliebig viele Occurrences haben.

* Ein Member-Datensatztyp kann ebenfalls beliebig viele Occurrences haben.

* Der Set ist eine Abbildung einer Teilmenge aller Owner-Occurrences auf eine Teilmenge der Menge aller Member-Occurrences. Dabei können einer Owner-Occurrence keine, eine oder beliebig viele Member-Occurrences zugeordnet werden.

* Die Zuordnung einer Owner-Occurrence zu ihren $n > 0$ Member-Occurrences nennt man Set-Occurrence.

* Eine Member-Occurrence darf mit einem Set nur einer Owner-Occurrence (und nicht mehreren) zugeordnet werden.

Auf das Beispiel mit den Abteilungen und Mitarbeitern angewandt heißt das, daß es Abteilungen ohne Mitarbeiter geben kann. Außerdem kann es Mitarbeiter geben, die keiner Abteilung zugeordnet sind. Das gilt auch, wenn in einer CODASYL-Datenbank mehrere Sets definiert sind. Es kann und darf immer einzelne Sätze geben, die in keinem einzigen Set Owner oder Member sind. Weil auch solche Sätze auffindbar sein müssen, sind bei CODASYL- Datenbanken die Occurrences eines Datensatztyps immer neben den Set-Beziehungen in einer anderen Organisationsform zusammengefaßt. Üblich ist, jedem Datensatz einen Data Base Key (DBK) zu geben. Er besteht aus folgenden Teilen:

DBK = (Rekordtyp-ID,
        laufende Satznr. innerhalb des Rekordtyps,
        Pointer auf den Datensatzblock,
        zusätzliche Informationen).

Der DBK wird dann in Tabellen (sog. Pointer Arrays, vgl. Kap. 3.2) organisiert. So ist über 1-stufige Indextabellen ein Zugriff möglich. In der Regel wird für jede Satzart einer CODASYL-Datenbank eine Data Base Key Table DBKT (vgl. auch Kap. 7.4.1: Data Base Key Translation Table) geführt. Sie enthält die Data Base Keys aller Sätze (Occurrences) dieser Satzart. Selbstverständlich kann man genauso gut einzelne Datenfelder des Datensatzes als Schlüsselfelder definieren, damit eine Indexstruktur wie bei herkömmlichen Indexdateien erzeugen und so auf die Sätze zugreifen. Diese Zugriffstruktur kann man sowohl auf Satzebene, also für alle Sätze einer Satzart, als auch auf der Ebene einer Set-Occurrence, also für alle einem Owner jeweils zugeordnete Membersätze, einrichten. Falls man in einer CODASYL-Datenbank keinen Set und nur einen Satztyp definiert, kann man die gesamte Datenbank im Grenzfall deshalb sogar als ISAM-Datei strukturieren und verwenden.

Die einer Owner-Occurrence im Rahmen eines Sets zugeordneten n Member-Occurrences können auf folgende Weise geordnet sein:

* chronologisch nach dem Zeitpunkt des Einspeicherns,

* sortiert nach festgelegten Datenfeldern,

* ohne vorgegebene Struktur, also nach den systemtechnischen Optimierungsstrategien des Datenbanksystems,

* als verkettete Liste

* nach Data Base Keys, die pro Owner-Datensatz in einem Pointer Array gespeichert sind.

Was bei einer bestimmten CODASYL-Datenbank tatsächlich geht und was nicht, ersieht man aus der DDL dieses Systems.

Komplexere Datenstrukturen realisiert man durch Definition mehrerer Sets und Records.

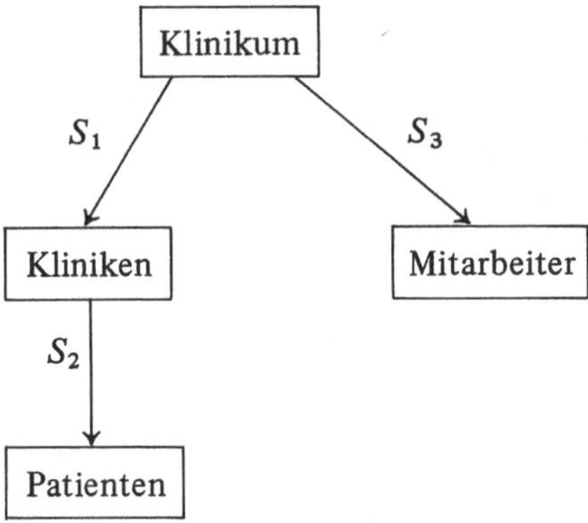

Abb. 16: Kombination mehrerer Sets

Beim Aufbau solcher komplexeren Strukturen gelten diese Regeln:

* Kein Datensatztyp kann innerhalb eines Sets Owner und Member sein.

* Ein Set kann nur eine $1 : n$ - Beziehung und keine $m : n$ - Beziehung zwischen Owner- und Member-Occurrences sein. Das heißt, daß jeder Member-Occurrence in einem Set nur höchstens eine Owner-Occurrence, jeder Owner-Occurrence jedoch $n \geq 0$ Member-Occurrences zugeordnet werden können. $m : n$ -Beziehungen, die der einfachen Netzstruktur entsprechen, müssen wie in Kapitel 3 beschrieben durch Definition eines zusätzlichen Datensatztyps mit Hilfe von zwei Baumstrukturen, also auch zwei Sets, realisiert werden.

* Wenn ein Datensatz Member in Bezug auf n Sets $S_1, ..., S_n$ ist, kann er zusätzlich Owner in Bezug auf i Sets $S_{n+k+1}, ..., S_{n+k+i}$ sein.

CODASYL erlaubt Zugriffsstrukturen
— auf Satzebene und
— auf der Ebene von Set-Occurrences.

Auf **Satzebene** ist der Data Base Key immer als Zugriffskriterium definiert. Zum einen ist so eine sichere Verwaltung aller Datensätze einer Satzart innerhalb des Datenbanksystems möglich. Zum andern bildet der Data Base Key einen Primärindex, der — ähnlich wie der Primärindex bei indexsequentieller Organisation — mit den in Kapitel 4 genannten Argumenten vorteilhaft zum Aufbau von Sekundärindizes verwendet werden kann. Solche Indizes können beim CODASYL-Modell auf Satzebene gebildet werden. Die DDL sieht dafür entsprechende Klauseln vor.

Auf der Ebene der **Set Occurrence** sind drei wichtige Zugriffsstrukturen möglich. Um sie zu verstehen muß man sich noch einmal vergegenwärtigen, daß in einer Set-Occurrence einem Owner-Datensatz (also einer Owner-Occurrence) $n \geq 0$ Member-Datensätze zugeordnet sind. Diese Zuordnung und der Zugriff vom jeweiligen Owner-Datensatz auf die nachgeordneten Member-Datensätze kann über drei unterschiedliche Datenstrukturen erfolgen:

* Im Owner-Datensatz kann ein Zeiger als Listenkopf für eine einfach oder doppelt verkettete lineare Liste von Member-Datensätzen definiert werden. Ausgehend vom Owner-Datensatz kommt man dann, indem man dieser Kette folgt, zu allen, im Rahmen einer bestimmten Set-Beziehung dem Owner-Datensatz zugeordneten Member-Datensätzen.

* Im Owner-Datensatz kann ein Zeiger auf eine pro Owner-Datensatz vorhandene Data Base Key Table ("Mini DBKT") zeigen. Diese Mini-DBKT enthält dann alle Data Base Keys der Member-Datensätze, die dem jeweiligen Owner-Datensatz zugeordnet sind.

* Pro Owner-Datensatz kann ein Zeiger auf eine indexsequentielle Datenstruktur gespeichert sein. Die Schlüssel dieser Indexstruktur bestehen aus Datenfeldern der Member-Datensätze, die dem jeweiligen Owner-Datensatz zugeordnet wurden.

Die nachfolgende Abbildung stellt dar, welche Datenstrukturen hiermit entstehen können.

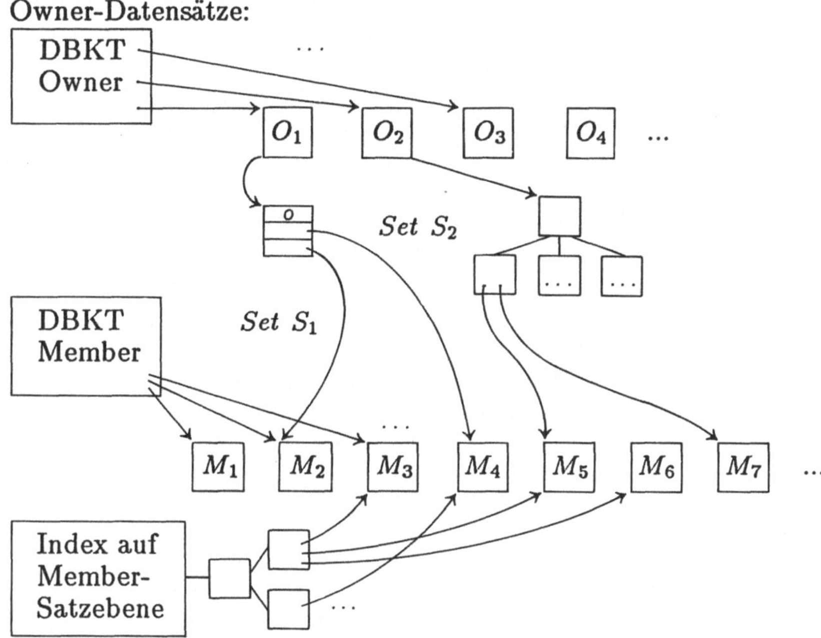

Abb. 17: Zugriffsstrukturen beim CODASYL-Modell

Hierbei sind:

O_i die Owner-Occurrences einer Owner-Satzart

M_j die Member-Occurrences einer Member-Satzart

S_1 ein Set, dessen Set-Occurrences über Mini-DBKT organisiert sind.

S_2 ein anderer Set, dessen Set-Occurrences über eine Indexstruktur organisiert sind

Auf die O_i und die M_j kann über die jeweilige DBKT zugegriffen werden.

Auf die M_j kann zudem über eine Set-unabhängige Indexstruktur zugegriffen werden.

Diese (und einige weitere) Datenstrukturen werden im CODASYL-Modell mit der DDL definiert. Die Gesamtheit der DDL-Befehle, die zur Definition einer Datenbank notwendig sind, bildet ein Programm. Es wird kompiliert und ausgeführt. Bei der Ausführung baut es die definierte Datenstruktur auf.

Geladen wird die Datenbank entweder durch Dienstprogramme oder durch vom Benutzer geschriebene Programme. Diese Benutzerprogramme verwenden DML-Befehle, um die Datensätze in bestimmte Satzarten und Sets einzubinden. Mit DML-Befehlen ist eine fast beliebige Verarbeitung der definierten Datenbank möglich.

Mit der SSL kann der Datenbankverwalter detailliert festlegen, wie die mit der DDL definierte Datenstruktur auf der Platte organisiert wird.

An dieser Stelle ist es sinnvoll, noch einmal auf die dem CODASYL-Modell zugrunde liegende Idee einzugehen. Diese Idee war ja, komplexere Datenstrukturen durch eine Aneinanderreihung von Sets, von denen jeder genau einen Owner und genau ein Member hat, zu realisieren. Dabei war eine Regel, daß jeder Memberdatensatz innerhalb eines Sets maximal einen Owner zugewiesen bekommen kann. Die Gründe für diese Regel sind jetzt einsichtig: Würde man einem Membersatz mehr als einen Owner zuordnen können und für die Anzahl Owner pro Member keine Obergrenze vorgeben wollen (weil so etwas ja immer willkürlich und problematisch ist), dann könnte eine Member-Occurrence innerhalb eines Sets n Owner-Occurrences besitzen. Das hieße aber folgendes: Wenn man die Member-Occurrences einer Set-Occurrence über eine lineare verkettete Liste organisiert, dann sind in jeder Member-Occurrence

$$pro\ Set - Occurrence,\ also\ pro\ Owner - Occurrence,$$

n Pointer zu speichern. Das wäre natürlich ein riesiger Aufwand an Speicherplatz und Pointerverwaltung. Das hat man sich gern gespart, weil diese Beschränkung sowieso nicht sehr stört. Man kann ja zumindest die einfachen Netzstrukturen, so wie in Kap. 3.3 beschrieben, durch mehrere Baumstrukturen darstellen.

7.2 Data Definition Language (DDL)

Die gesamte Datenstruktur der Datenbank wird über die DDL festgelegt. Das Studium der DDL gibt deshalb Aufschluß , welche Datenstrukturen sich mit dem CODASYL-System eines bestimmten Herstellers tatsächlich darstellen lassen.

Aus Kapitel 7.1 ergibt sich, was eine DDL mindestens zulassen muß :

* Die Datensatztypen mit ihren strukturellen Eigenschaften und den einzelnen Datenfeldern, aus denen ein Record besteht, müssen definiert werden können. Die hierfür vorgesehene Anweisung ist der im nachfolgenden Kap. 7.2.1 beschriebene RECORD-Befehl.

* Die Definition aller Sets mit ihren jeweiligen Ownern und Membern muß in einer besonderen Anweisung formuliert werden können. Dazu dient der SET-Eintrag, der in Kap. 7.2.2 vorgestellt wird.

* Zudem sind Subschemas (*views, Benutzersichten*) zu unterstützen. Die Gründe sind neben dem Zugriffsschutz (*Information-Hiding*), daß im laufenden Betrieb nur die Datenbankteile tatsächlich verfügbar (*online*) sein sollen, die auch wirklich verarbeitet werden, und daß der Hersteller die DDL in COBOL-Format und die Subschema-Definition in PL/I-, PASCAL-Format oder einem anderen Sprachformat anbieten kann. Darum bieten manche Hersteller auch eine sog. Subschema-DDL an.

Da die CODASYL-Gruppe die Gruppe ist, die COBOL entwickelte, soll die DDL hier auch im COBOL - Format vorgestellt werden.

7.2.1 Definition des Datensatzes

Das allgemeine Format der Satzbeschreibung ist:

$RECORD\ NAME\ IS\ satzname\_1$

$$\left[\ LOCATION\ MODE\ IS\ \left\{\begin{array}{l} DIRECT\ datenfeldname\_1 \\ CALC\ [prozedurname\_1] \\ \quad USING\ datenfeldname\_2,\ldots \\ DUPLICATES\ ARE\ [NOT]\ ALLOWED \end{array}\right\}\ \right]$$

$$\left[SEARCH\ KEY\ IS\ datenfeldname\_3,\ldots\right.$$

$$USING\ \left\{\begin{array}{l} CALC\ [prozedurname\_2] \\ INDEX \end{array}\right\}\ [NAME\ IS\ indexname\_1]$$

$$\left.DUPLICATES\ ARE\ [NOT]\ ALLOWED\right]\ldots$$

$$[\ stufennummer\ ]\ datenfeldname\_1$$

$$\left\{\begin{array}{l} PICTURE\ IS\{alphanum./numerische\ Zeichenfolge\} \\ TYPE\ IS\ \left\{\begin{array}{l} [FIXED]\ [REAL]\ DECIMAL\ [ganzzahl\_1] \\ CHARACTER\ [ganzzahl\_2] \\ DATABASE-KEY \end{array}\right\} \end{array}\right\}$$

$$[OCCURS\ ganzzahl\_3\ TIMES]$$

Diese RECORD-Anweisung definiert eine Satzart unabhängig von irgendwelchen, in der Datenbank mit dieser Satzart definierten Sets. Wenn man allein mit diesem Wissen die Syntaxbeschreibung durchsieht, wird deutlich, daß auf Satzebene Indexstrukturen aufgebaut werden können. Die entsprechende Klausel ist die SEARCH-KEY-Klausel.

Noch etwas fällt bei der Durchsicht dieser Syntaxbeschreibung auf. Die am Ende angegebenen Klauseln dienen offensichtlich der Beschreibung der Datenfelder, wahlweise im üblichen COBOL-Format mit PICTURE IS oder in einem etwas moderneren Format mit TYPE IS .... Zweierlei ist hierbei bemerkenswert:

* Die Aufnahme der Datenfelddefinitionen in den Record-Eintrag erlaubt, ein Data Dictionary zu führen. Dieses Verzeichnis der Datenfeldnamen und aller anderen Bezeichnungen steht jedem berechtigten Benutzer zur Verfügung. Außerdem muß ein Programmierer die Datendefinitionen nur einmal schreiben. Er kann sie dann in seine Anwendungsprogramme hineinkopieren. Damit vermeidet er, daß in verschiedenen Programmen — etwa aufgrund

von Tippfehlern — unterschiedliche Datensatzdefinitionen vorkommen und hierdurch Fehler entstehen.

* Die obige Syntax zur Definition von Datenfeldern erlaubt Satzformate zu definieren, die im relationalen Modell innerhalb einer Tabelle nicht zulässig sind. Die *OCCURS n TIMES* - Klausel definiert nämlich Mehrfachfelder (lineare nicht-verkettete Listen), die zudem als Datenfeldgruppe wiederum mehrfach auftreten können.

Die einzelnen Klauseln bedeuten:

* Die **Record Name Klausel** gibt der Satzart ihren Namen.

* Mit der **Location Mode Klausel** legt man die Methode fest, mit der man einzelne Sätze identifiziert und mit der ein direkter Zugriff auf die Sätze einer Satzart möglich ist. Dabei gilt: Über den Data Base Key ist immer ein Zugriff möglich. Der Benutzer kann hierbei auch beim Abspeichern mit seinem DML-Programm festlegen, welchem Datenfeld der Data Base Key der Occurrences seiner Satzart satzname-1 übergeben werden soll. In der DDL gibt der Benutzer dann "LOCATION MODE IS DIRECT datenfeldname_1" an und in der Datendefinition ist dann für dieses Datenfeld folgende Definition anzugeben:

"stufennummer datenfeldname-i PICTURE IS ...
            TYPE IS DATABASE-KEY."

Der Benutzer kann jedoch den DATABASE-KEY auch selbst mit einer Prozedur (Unterprogramm) berechnen und dem CODASYL-System vorgeben bzw. vom CODASYL-Datenbanksystem mit Hilfe einer systeminternen Prozedur berechnen lassen. Eine derartige Prozedur nennt man "Hashprozedur" (*Hash-algorithmus*). Daß man eine Hashprozedur verwenden will, legt der Benutzer mit "LOCATION MODE IS CALC ..." fest. Man macht das um etwa Eigennamen in Zahlen umzurechnen und zu komprimieren. Das gibt dann zwar i.d.R. keinen DATABASE-KEY, der für jeden Eigennamen eindeutig ist und direkt auf ihn verweist. Die Methode erlaubt aber, über den schnellen DATABASE-KEY-Zugriff in einem Schritt direkt in die Nähe des gesuchten Satzes in der Datenbank zu kommen. Bei einer indexsequentiellen Organisation müßte man die einzelnen Indexstufen nacheinander in mehreren Schritten durchgehen. In beiden Fällen kommt man nur in die Nähe des Satzes und muß dann noch ein paar Datensätze sequentiell durchsuchen. Es wird bei Hashalgorithmen also der Inhalt eines Datenfeldes zu einem Zugriffsschlüssel umgerechnet. Dieser Algorithmus kann ein oder mehrere Datenfelder benutzen (vgl. Syntax). — Gibt man weder DIRECT noch CALC ein, dann ist

ein Zugriff auf die Sätze noch auf zwei Arten möglich: Zum einen
über die in den SEARCH-KEY-Klauseln definierten Indizes. Zum
andern über die mit der SET-Anweisung definierten Sets, in denen
die Satzart Owner oder Member ist.

* Die **Search Key Klausel** ermöglicht zwei Arten des Zugriffs
  auf die Sätze der Satzart "satzname-1": Entweder wird so wie
  in Kapitel 4 beschrieben, über ein Datenfeld als Index zugegriffen ("SEARCH KEY IS ... USING INDEX ... "). Außerdem
  gibt es die Möglichkeit, den Inhalt eines bestimmten Datenfeldes
  mit einer eigenen oder einer vom CODASYL-System vorgegebenen
  Hashprozedur umzurechnen (i.d.R. zu komprimieren) und mit dem
  Ergebnis dieses Rechenvorgangs eine Zugriffsstruktur aufzubauen
  ("SEARCH KEY IS ... USING CALC ... "). Vergibt man in der
  DDL einen Namen für die Indexstruktur, dann kann man mit der
  SSL die Lage und den Aufbau dieser Tabelle noch näher festlegen.

  Die NAME IS - Klausel gibt einem Index einen Namen. Das ist
  notwendig, um ihn in Klauseln der SSL ansprechen zu können.
  Mit der SSL soll nämlich die Lage und Größe einer Indexstruktur festgelegt werden, um eine möglichst gute Performance der
  Datenbankanwendungen zu erhalten.

  Für jedes Suchargument (Schlüssel, Key), für das eine Zugriffsstruktur aufgebaut werden soll, ist eine eigene SEARCH KEY
  - Klausel zu formulieren. Man muß allerdings aufpassen, daß
  das Datenbanksystem nicht zu viele Indizes verwalten muß. Die
  Antwortzeiten werden um so schlechter, je mehr Indizes definiert
  wurden.

* Die **Picture Klausel** hat das in COBOL übliche Format.

Der Datensatz ist Teil eines Schemas, also der Gesamtsicht der Datenbank. Zu welchem Schema der Datensatz gehört wird durch den Schema-
eintrag festgelegt:


```
SCHEMA NAME IS schemaname
[PRIVACY LOCK FOR COPY IS literal − 1[OR literal − 2[OR...]]]
```


Dabei sind literal-1, literal-2,usw. Paßworte, die man kennen muß, wenn
man das Schema in sein Programm kopieren und benutzen will.

Beispiele:

(1) Als einfachsten Fall könnte man eine ISAM-Datei mit zwei Schlüsseln definieren. Der Datensatz bestehe aus folgenden Datenfeldern:
   — Name
   — Geburtsdatum
   — Schulabschluß
   — Anzahl Kinder
   — ...

Die zugehörgie Datensatzdefinition hieße dann:
```
RECORD NAME IS mitarbeiter
SEARCH KEY IS name USING INDEX DUPLICATES
ARE ALLOWED
SEARCH KEY IS geburtsdatum,name USING INDEX
DUPLICATES ARE ALLOWED
02 name TYPE IS CHARACTER 30
02 geburtsdatum TYPE IS CHARACTER 8
02 schulabschluß ...
```
Die LOCATION MODE - Klausel fehlt hier, weil es keinen Sinn machen würde, eine Hashprozedur zu programmieren oder den DBK selbst zu verwalten.

(2) Wenn man Ausweise verwalten muß, jede Ausweisnummer nur einmal vorhanden ist und Ausweise häufig den Besitzer wechseln, könnte man die Ausweisnummer als DBK (natürlich nur den Teil, der die Satznummer enthält) verwenden. In dem Fall könnte die Satzdefinition so aussehen:
```
RECORD NAME IS ausweis
LOCATION MODES IS DIRECT ausweisnummer DUPLICATES
ARE NOT ALLOWED
SEARCH KEY IS inhaber USING INDEX DUPLICATES ARE
ALLOWED
02 ausweisnummer TYPE IS FIXED 1
02 inhaber TYPE IS CHARACTER 30

...
```

7.2.2 Der Set-Eintrag

Einen Set mit allen seinen Eigenschaften, einschließlich des Owner- und
Member-Datensatz-Typs, definiert man mit folgender Anweisung:

$SET\ NAME\ IS\ setname\_1$
$[\ SET\ IS\qquad DYNAMIC\ ]$

$ORDER\ IS$
$$\left\{\begin{array}{l} FIRST \\ LAST \\ NEXT \\ PRIOR \\ IMMATERIAL \\ SORTED\ [INDEXED\ [NAME\ IS\ indexname\_1]] \\ \left\{\begin{array}{l} BY\ DATABASE\_KEY \\ BY\ DEFINED\ KEYS\ DUPLICATES\ ARE\ [NOT]\ ALLOWED \end{array}\right\} \end{array}\right\}$$

$OWNER\ IS\ \left\{\begin{array}{l} satzname\_1 \\ SYSTEM \end{array}\right\}\ .$

$MEMBER\ IS\quad satzname\_2\ \left\{\begin{array}{l} MANDATORY \\ OPTIONAL \end{array}\right\}\left\{\begin{array}{l} AUTOMATIC \\ MANUAL \end{array}\right\}$

$\left[\left\{\begin{array}{l} ASCENDING \\ DESCENDING \end{array}\right\}\ KEY\ IS\ datenfeldname\_1, ...\right]$

$[SEARCH\ KEY\ IS\ datenfeldname\_2, ...$

$\qquad USING\ \left\{\begin{array}{l} CALC\ [prozedurname] \\ INDEX \end{array}\right\} [NAME\ IS\ indexname\_2]$

$\qquad DUPLICATES\ ARE\ [NOT]\ ALLOWED\ ],\ ...$

$[\ SET\ OCCURRENCE\ SELECTION\ IS\ THRU$
$\qquad \left\{\begin{array}{l} CURRENT\ OF\ SET \\ LOCATION\ MODE\ OF\ OWNER \end{array}\right\}].$

Die Syntax enthält eine Klausel für den Set, eine für die Festlegung des
Owners und eine Member-Definition. Diese Klauseln werden nachfolgend beschrieben:

* Die **set name-Klausel** gibt dem Set seinen Namen.

* Mit der **set is dynamic-Klausel** definiert man einen dynami-
  schen Set. Dieser Set ist zur Speicherung von Abfrageergebnissen
  eines Abfragesystems *(Query-System)* der CODASYL-Datenbank
  notwendig. Dynamische Sets müssen im Eintrag für den Datenbankbereich die Definition AREA IS TEMPORARY und die Angaben ORDER IS IMMATERIAL sowie OWNER IS SYSTEM

erhalten. Die Set-Anweisung für dynamische Sets besitzt keine
MEMBER IS-Klausel. Ein Query-System, das dynamische Sets
benötigt, ist z.B. bei UDS das Abfrageprogramm IQL. Häufig
werden heute Abfrageprogramme angeboten, bei denen der Benutzer in einer der Umgangssprache nahekommenden, weitgehend
formatfreien Sprache seine Wünsche formulieren kann.

* Die **order-Klausel** verwendet man, um entweder festzulegen, wie
ein neuer Member-Satz innerhalb der Occurrence eines Sets einzutragen ist, oder wie die Membersätze, die im Set zu einem Owner
gehören, zu ordnen sind. Dabei heißt "IMMATERIAL", daß das
CODASYL-System die Reihenfolge selbst festlegt. FIRST bedeutet, daß jedes neue Member am Anfang der Liste der Member eingespeichert wird. LAST bedeutet, daß die Liste am Ende
fortgesetzt wird. PRIOR heißt, daß ein Membersatz in einer
Set-Occurrence jeweils vor dem gerade aktuellen Membersatz –
er ist bei dem vom Anwenderprogramm gesteuerten Einspeichern
(sog. Laden) genau definiert durch einen gedachten Positions-
zeiger – eingefügt wird. NEXT heißt, daß dahinter einzufügen ist.
Eine Sortierung der Membersätze einer Set-Occurrence ist nach
mehrfachen Kriterien möglich: nach dem DBK, nach einem bestimmten Datenfeld bzw. nach einem bestimmten Datenfeld über
eine Indextabelle.
ORDER IS SORTED BY DATABASE-KEY ordnet die Member
einer Set-Occurrence innerhalb einer linearen verketteten Liste
nach dem DBK. ORDER IS SORTED INDEXED ... führt —
gleichgültig wie diese Klausel fortgesetzt wird — zum Aufbau
einer "Mini-Database Key Table". Will man eine aufwendigere
Indexstruktur als eine Mini-Database Key Table, die ja "nur"
eine Tabelle von DBK's ist, dann heißt die Klausel: ORDER
IS SORTED INDEXED BY DEFINED KEYS. Mit dem hierbei
lapidar als "DEFINED KEYS" angesprochenen Schlüssel ist der
Schlüssel gemeint, der aus den Datenfeldern der
ASCENDING/DESCENDING KEY IS datenfeldname_1,... -
Klausel besteht.

Die NAME IS - Klausel gibt der definierten Indexstruktur einen
Namen, um die Größe und die Lage dieser Datenstruktur mit SSL-
Klauseln festzulegen. Was auf Record-Ebene möglich ist, kann
also auch auf der Ebene der Sets gemacht werden (vgl. NAME IS
- Teilklausel in Kap. 7.2.1).

* Die **Owner-Klausel** legt fest, welche Satzart Owner im Set ist.
OWNER IS SYSTEM legt fest, wo die Wurzel des Baumes ist,
der durch die Gesamtheit aller Sets einer Anwendung entsteht.

Die Set-Struktur einer bestimmten Datenbank hat immer einen Owner, der SYSTEM heißt. Er stellt für die Datenbanksoftware den Ausgangspunkt für die gesamte Datenverwaltung einer Datenbank dar.

Sets mit OWNER IS SYSTEM heißen singuläre Sets. Sie haben nur eine Occurrence.

* Analog dazu legt die **Member - Klausel** die Member-Satzart des Sets fest. MANDATORY heißt: jeder Member-Satz muß in eine Set-Occurrence eingefügt werden. OPTIONAL läßt zu, daß Satz-Occurrences gespeichert werden, die nicht in den Set eingeordnet sind. AUTOMATIC bedeutet, daß jeder eingespeicherte Membersatz beim Laden sofort in eine Set-Occurrence kommt. Um welche Set-Occurrence es sich handelt und wie die Einbeziehung in eine Set-Occurrence vonstatten geht, wird durch die in Kapitel 7.3.2 aufgeführten Positionsanzeiger (sog. *current*) festgelegt. MANUAL überläßt das Einketten in eine Set-Occurrence dem Benutzer-DML-Programm, in dem das Einspeichern dann abhängig von anwendungsspezifischen Erfordernissen programmiert wird.

* Die **ascending/descending - key - Klausel** legt die aufsteigende bzw. absteigende Sortierung der Member-Sätze in einer Occurrence fest. Diese Klausel ist notwendig, wenn
ORDER IS SORTED INDEXED BY DEFINED KEYS
angegeben wurde.

* Die **Search-Key-Klausel** besagt, daß
pro SEARCH KEY − Klausel für jede Set − Occurrence
eine Zugriffstabelle zu erstellen ist. Diese Tabelle kann eine Indextabelle sein, wobei ein Datenfeld als Schlüssel verwendet wird. Diese Tabelle kann aber auch eine Tabelle der DATABASE-KEY's der in die Set-Occurrence gehörenden Membersätze sein. Wenn der Benutzer eine selbstgeschriebene Hashprozedur zum Einspeichern verwendet, muß er eine entsprechende Prozedur zum Lesen einsetzen (vgl. Kapitel 7.2.1). Dieses Benutzerprogramm ist ein einzubindendes Unterprogramm mit dem Namen "prozedurname". Es wird i.d.R. dynamisch aus einer besonderen Bibliothek des Datenbanksystems nachgeladen. Derartige Prozeduren heißen auch Hash-Prozeduren. Eine sinnvolle Anwendung besteht z.B. in einem Datenbanksystem zur Speicherung von Dokumenten: Schlagworte und inhaltlich wichtige Satzteile werden durch die Hashprozedur komprimiert, etwa indem alle Vokale aus den Worten herausgenommen werden (z.B. nach der Kölner Notation zur phonetischen Suche).

Auch hier ist die NAME IS-Klausel dazu da, um in SSL-Anweisungen auf einen Search Key Bezug zu nehmen.

* Die **set occurrence selection-Klausel** legt fest, nach welcher Strategie das Datenbanksystem beim Einspeichern, Ändern und Lesen eines Members (mit bestimmten, dafür vorgesehenen DML-Befehlen) die zugehörige Set-Occurrence bestimmen soll. Die **current of set**-Methode erlaubt dem Benutzer-DML-Programm, über einen Owner oder über ein gerade in Verarbeitung befindliches Member die zur Einkettung des neuen Members vorzusehende Set-Occurrence festzulegen. In jedem Set ist nämlich immer ein Satz gerade der "current of set" - auf ihn zeigt auch der oben erwähnte gedachte Positionsanzeiger (vgl. auch Kapitel 7.3.2). Die Programmlogik ist z.B. folgendermaßen:

MOVE "23.April 1986" TO KEY   (Legt einen Key fest.)

FIND (Positioniert den Zeiger auf den Satz mit dem angegebenen Key. Der Satz wird dadurch "current of set".)

STORE B (Speichert Member B in dem Set-Occ. ein, zu dem der "current of set"-Satz gehört.)

Bei der **location mode of owner-Methode** sieht das Programm so aus:

MOVE "23.April 1986" TO KEY.

STORE B.

Dabei stellt das Datenbanksystem erst fest, in welchem Set B Member ist. Falls in einem dieser Sets die Set Occurrence Selection als "location mode of owner" spezifiziert ist, wird die zugehörige Owner-Satzart festgelegt. Es darf dann nur eine sein! In dieser Satzart wird das Location Mode-Feld festgestellt (vgl. Kapitel 7.2.1). Im vorliegenden Fall muß es ein Schlüsselfeld sein, in dem das Tagesdatum "23.April 1986" gespeichert ist. Dieses Datum bestimmt nun eindeutig einen Owner. In seine Set-Occurrence kommt der Member-Satz.

Die Set-Definition ist im Vergleich zu den SQL-Anweisungen sehr kompliziert. Der Grund liegt darin, daß sie die Realisierung von Datenstrukturen erlaubt, die relationale Datenbanken gar nicht kennen. Wann man welche der vielen möglichen Datenstrukturen am besten einsetzt, erfordert im konkreten Anwendungsfall immer einige Überlegungen:

* Wie viele Membersätze enthalten die einzelnen Set-Occurrences?

* Wie verarbeitet man die einzelnen Membersätze? Sequentiell auf der Ebene der Satzart, ausgehend von einem Owner innerhalb einer Set-Occurrence indexiert oder sequentiell? Über welchen Key?

* Wie greift man bei spontan verlangten Auswertungen auf die Daten zu?

* In welchen Arbeitsgängen werden Daten neu eingespeichert oder modifiziert?

Das sind alles Fragen, von deren Beantwortung die Set-Definitionen abhängen. Die nachfolgenden Beispiele geben einige Hinweise zur Lösung von häufig in der Praxis auftauchenden Problemen.

Beispiele:

(1) Die Aufgabe bestehe darin, eine Indexdatei zur Speicherung von Daten über Handelsartikel aufzubauen. Wie in diesen Fällen die Record-Definition aussieht, wurde bereits im vorigen Kapitel an einem Beispiel dargestellt. Hier geht es vor allem darum, wie die erforderliche Set-Definition zur Verankerung des Set mit dem Owner SYSTEM aussieht. Die erforderliche Set-Anweisung könnte so aussehen:

SET NAME IS artikel-set

ORDER IS SORTED BY DEFINED KEYS DUPLICATES ARE NOT ALLOWED

OWNER IS SYSTEM

MEMBER IS MANDATORY AUTOMATIC

ASCENDING KEY IS artikel-bezeichnung

Die damit realisierte Datenstruktur besteht aus einer einzigen
Set-Occurrence und sieht folgendermaßen aus:

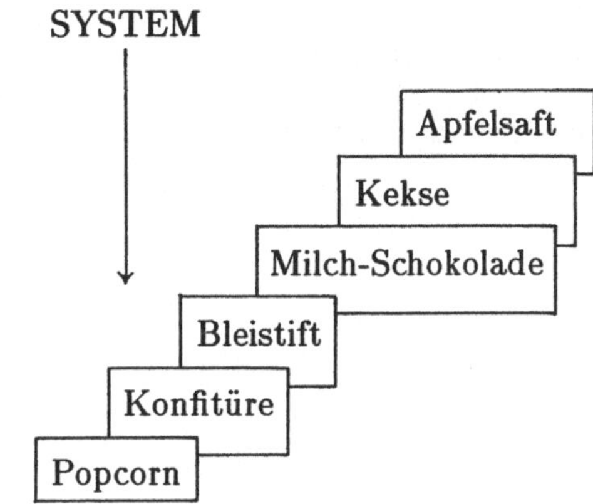

Abb. 18: Eine einfache Indexdatei im CODASYL-Modell

(2) Ein komplizierteres Beispiel liefert die Umsetzung einer einfachen
Netzstruktur. Beispielsweise stehen in kommerziellen Anwendungen
die Knoten *Artikel* und *Bestellungen* in einer n:m-Beziehung: Eine
Bestellung besteht nämlich aus n Artikeln und ein Artikel kann in
m Bestellungen enthalten sein. Man kann diese Netzstruktur im
CODASYL-Modell darstellen, indem man, wie in Kap. 3 erläutert,
einen Pseudoknoten, etwa die *Bestellposition* einführt. Die Lösung
dieser Aufgabe besteht dann darin, drei Satzarten (*Bestellungen, Artikel, Bestellpositionen*) und zwei Sets (*Artikel-in-Bestellung, Inhalt-einer-
Bestellung*) zu definieren.

Abb. 19: Realisierung einer Netzstruktur

(3) Ein Beispiel, das wegen seiner besonderen Schwierigkeit immer wieder
benutzt wurde, war die Zuordnung von Studenten zu ihren Kursen.

Seine Lösung soll auch hier nicht vergessen werden. In Kap. 3.3 wurde die Datenstruktur, bei der 1 Student zu mehreren Kursen und pro Kurs mehrere Studenten zugelassen wurden, als einfaches Netz beschrieben. Dabei wurde auch dargestellt, wie man sich dieses Netz als zwei übereinandergelegte Bäume vorstellen kann. Wer ein solches Netz zum ersten Mal mit einer CODASYL-Datenbank realisieren will, versucht sein Glück i.d.R. erst einmal mit folgender Datenstruktur:

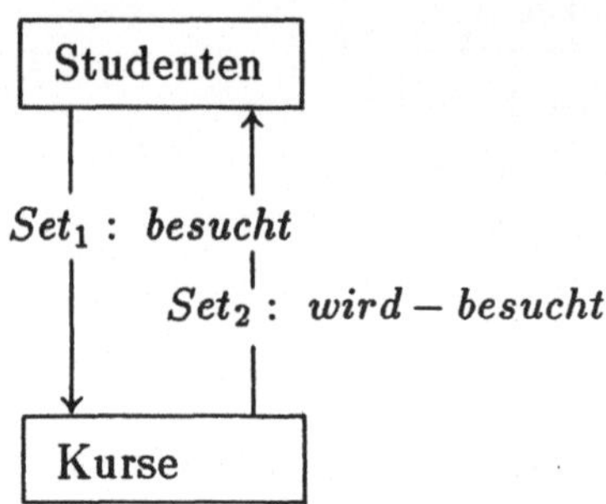

Abb. 20: Falscher Ansatz zur Zuordnung von Kursen zu Studenten

Dabei soll Set_1 die 1:n-Beziehung zwischen Studenten und Kursen, Set_2 die 1:m-Beziehung zwischen Kursen und Studenten verkörpern.

Diese Vorgehensweise funktioniert jedoch nicht. Der Grund ist, daß in der Realität in beiden Sets ein Membersatz mehrere Ownersätze haben kann. So ist etwa der Kurs "Chemie" Member des Ownersatzes "Schneider" und des Ownersatzes "Müller" der Satzart Studenten.

Die richtige Lösung besteht darin, daß — so wie in Kap. 3.3 beschrieben — eine neue Satzart *Kursbelegungen* eingeführt wird. Das Ergebnis sieht dann so aus:

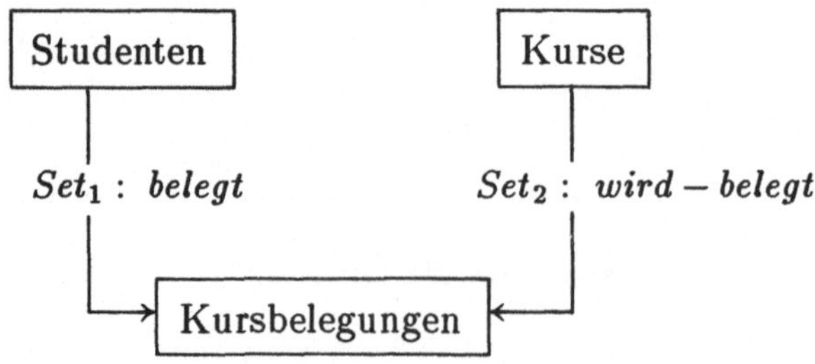

Abb. 21: Richtige Umsetzung des Netzes mit Kursen/Studenten

(4) Ein anderes reizvolles Problem besteht in der Realisierung einer Stück-
     listendatenbank. Seine Lösung mit Hilfe von relationalen Daten-
     banken wurde bereits in Kap. 6.4 besprochen.

     Die Aufgabe besteht im wesentlichen darin, eine Datenstruktur zu
     finden, mit der die Bestandteile eines Produkts beschrieben wer-
     den. So besteht beispielsweise eine Bohrmaschine aus einem An-
     schlußkabel, einem Motor, zwei Gehäuseteilen, einem Futter, mehreren
     Schrauben usw. Jedes dieser Einzelteile wird durch einen Datensatz
     beschrieben. Das Endprodukt wird zudem mit denselben Merkmalen
     beschrieben. Es macht deshalb keinen Sinn, dafür eine eigene Satzart
     zu definieren. Damit besteht die Aufgabe darin, ausgehend von einer
     Satzart *Produkte* mit Hilfe von zwei Sets — *enthalten – in* und *enthält*
     — die Anzahl der eingebauten Teile zu speichern. Die Anzahl der
     Teile speichert man in einem Knoten *Anzahl*. Die Datenstruktur
     sieht dann so aus:

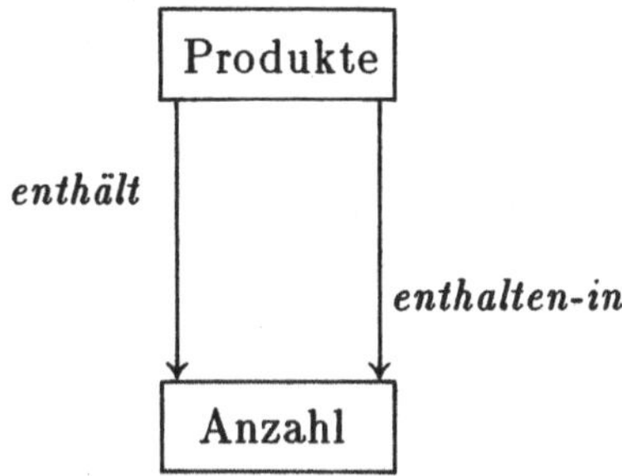

Abb. 22: Struktur einer Stücklistendatenbank

7.2.3 Subschema-DDL

Die Subschema-DDL dient der Definition einer eingeschränkten Benutzersicht auf eine Datenbank (Schema). Der Bedarf für eine Subschema-DDL
ergibt sich aus folgenden Überlegungen:

* Aus Schutzgründen ist es sinnvoll, Programmierern oder Programmen nur einen Teil der Datenbank zur Verarbeitung anzubieten.
Man verwendet diese Technik auch unter dem Schlagwort *Information Hiding*. Sie verhindert, richtig angewandt, das Ausbrei-
ten von Fehlern von einem Programm auf große Datenbankbereiche oder gar die ganze Datenbank. Insoweit ist diese Technik
auch geeignet, um vor Hackern und unzulässig im Computer mit
Schädigungsabsicht gestarteten Programmen (sog. Viren) zu schüt-
zen.

* Erweitert man die Schema-Beschreibung, etwa um neue Anwen-
dungsbereiche aufzunehmen, dann müßte man die neue Datenstruktur eigentlich in alle Programme übernehmen, die mit der erweiterten Datenbank arbeiten. Das ist eine Menge Arbeit, die man
sich mit der Subschema-DDL ersparen kann. Die Befehle dieser
Subschema-DDL garantieren, daß auch nach einer Erweiterung
der Datenbank nur die in der Subschema-DDL angesprochenen
Datenfelder zur Verarbeitung zur Verfügung stehen und daß diese
nach wie vor richtig benutzt werden.

* Weiter erleichtert die Subschema-DDL die Programmierung. Bei
einer komplexen Datenbankstruktur muß ein Programmierer nicht
die ganze Struktur kennen, um einen einfachen Teilbereich zu au-
tomatisieren. Der Datenbankverwalter kann ihm notfalls die Teil-
sicht auf die Datenbank erklären. Mit diesem Wissen kann der
Programmierer dann die Aufgabe selbständig lösen.

Subschemas können in beliebiger Zahl erstellt werden. Sie dürfen sich
auch überlappen.

Funktional stehen im Subschema alle Möglichkeiten der CODASYL-
Datenbank zur Verfügung. Es gibt hierbei eine bestimmte Technik, um
auf die das gesamte Schema betreffenden Anweisungen der Kapitel 7.2.1
und 7.2.2 zu verweisen. Zusätzlich wird noch ein Subschema-Name zur
Bezeichnung der jeweiligen Benutzersicht und ein Paßwort (*privacy lock*
) festgelegt.

Das Kommando lautet:

$SUBSCHEMA - NAME\ IS\ subschema\_name$
    $OF\ SCHEMA\ NAME\ schema\_name$
$\left[PRIVACY\ LOCK\ FOR\ COMPILE\ IS\ literal\_1\ \left[OR\ literal\_2\ [OR...]\right]\right]$

$\left[PRIVACY\ LOCK\ FOR\ COPY\ IS\ literal\_3.\right]$
Die Literale (Zeichenfolgen) *literal_1*, ... stellen die Paßworte dar.

Der Verweis auf die Datensatznamen (Record-Einträge) erfolgt in der
Subschema-DDL folgendermaßen: Die Stufennummer bei der Definition
der Datenfelder im Record-Eintrag der DDL beginnt ab der Nummer
"02". In der Subschema-DDL gibt man den Datensatznamen deshalb
mit der Stufennummer "01" an. Dahinter schreibt man die Datenfelder
mit den Stufennummern "02" und folgende, die man auch in der DDL
im Record-Eintrag eingab.

Die Set-Definitionen übernimmt man folgendermaßen in die Subschema-
DDL:

Format 1:
  SET SECTION.
  COPY setname-1,....

Format 2:
  SET SECTION.
  COPY ALL SETS.

Im Format 1 gibt man die Namen der Sets einzeln an, die in der Subschema-DDL benutzt werden sollen.

Die DDL-Befehle, die eine Datenbank definieren, bilden in ihrer Gesamtheit ein Programm, vergleichbar einem COBOL-Programm. Dieses
Programm wird kompiliert und danach ausgeführt. Bei der Ausführung
entsteht die gewünschte Datenbankstruktur. Sie kann anschließend mit
einem Benutzerprogramm, das DML-Anweisungen enthält, oder Dienstprogrammen (u.a. auch Standard-Retrievalprogrammen) bearbeitet werden.

7.3 Data Manipulation Language (DML)

Die mit der DDL definierten Datenelemente werden mit den Anweisungen der DML verarbeitet. Diese Anweisungen haben ebenfalls COBOL-Format.

Auch hier zeigt sich, wie vorteilhaft die anfängliche Untersuchung der Datenstrukturen ist: aus den früheren Überlegungen ergibt sich bereits, welche Funktionen die DML bieten muß . Lediglich das Format der Befehle steht im wesentlichen noch zur Diskussion. Andernfalls würde man nämlich Strukturen definieren, mit denen sich gar nicht sinnvoll arbeiten ließe.

Notwendig sind demnach Funktionen um

* neue Sätze zu speichern: STORE-Befehl,

* Sätze zu suchen: GET-,FETCH-,FIND-Befehle,

* Sätze in die definierten Sets einzuketten und sie aus den Ketten bzw. Indexstrukturen wieder herauszulösen: CONNECT- und DISCONNECT-Befehle,

* Sätze zu ändern: MODIFY-Befehl,

* veraltete Sätze zu löschen: ERASE-Befehl,

* bei einer komplexen Datenbankstruktur mit einem korrekten Zustand zu beginnen und wieder in einen korrekten Zustand überzuführen bzw. auf den zuletzt gesicherten korrekten Zustand zurückzuführen: READY- und FINISH-Befehl.

* festzulegen, daß nur ein bestimmtes Programm bestimmte Sätze bearbeiten darf und kein anderes: KEEP- und FREE-Befehl.

Diese Funktionen werden in einem Benutzer-DML-Programm aufgerufen. Ein solches Programm ist i.d.R. in COBOL geschrieben und besteht aus folgenden Teilen:

IDENTIFICATION DIVISION.
PROGRAM-ID.
[PRIVACY.]   wie in COBOL üblich
ENVIRONMENT DIVISION.   wie in COBOL üblich
DATA DIVISION.   wie in COBOL üblich
SUB-SCHEMA-SECTION.   Verweis auf DDL mit folgendem Befehl:

DB subschema_name WITHIN schema_name.

Dieser Befehl kopiert die Definition der Realms, Sets und Records. Außerdem reserviert und benennt er alle notwendigen Speicherbereiche.

PROCEDURE DIVISION.   Wie in COBOL üblich, jedoch zusätzlich mit der Möglichkeit, die in CODASYL-DML zulässigen o.g. Funktionen aufzurufen. Außerdem ist noch eine besondere IF-Anweisung zulässig (vgl.Kapitel 7.3.3).

7.3.1 READY und FINISH

Die READY-Anweisung bereitet die Datenbank (oder, falls angegeben, die festgelegten Datenbankteile (*sog. realms*)) für die Verarbeitung vor. Die READY-Anweisung entspricht dem OPEN-Befehl in der herkömmlichen Dateiverarbeitung. Die Anweisung hat folgendes Format:

$$READY\ [Realmname\_1\ [,Realmname\_2]...\ ]$$

$$[USAGE-MODE\ IS\ \begin{bmatrix} EXCLUSIVE \\ PROTECTED \end{bmatrix} \begin{Bmatrix} RETRIEVAL \\ UPDATE \end{Bmatrix}\ ]$$

Der *Realm_name_1, Realm_name_2* ,... sind über den oben genannten DB-Eintrag definiert.

Mit der USAGE-MODE-Klausel gibt der Anwender an, ob er die Datenbank exklusiv (also allein ohne ein anderes, parallel zu seinem Programm laufendes Benutzerprogramm) verwenden will oder ob er an einem Multiprogramming mit der Datenbank teilnehmen will. Die letzte Angabe (RETRIEVAL / UPDATE) nutzt man, um bei einem nur lesenden Zugriff eines Programms auf die Datenbank auch durch das Datenbanksystem selbst sicherstellen zu lassen, daß nicht doch fehlerhafterweise (etwa versehentlich oder bewußt verfälschend) in die Datenbank geschrieben wird. Von dieser Schutzmöglichkeit sollte jeder Anwender, der ein reines Auswertungsprogramm ohne Änderungen (*update*) schreibt, immer Gebrauch machen.

Nach der READY-Anweisung wird der Benutzer in seinem DML-Programm alle erforderlichen Datenbankoperationen durchführen: Einspeichern, Lesen, Ändern und Löschen. Diese Operationen faßt man insbesondere bei Online-Systemen (Dialog-Systemen) zu sog. Transaktionen zusammen (vgl. Kapitel 7.2.13, 9). Solche Transaktionen sperren i.d.R. Datensätze und haben zudem die charakteristische Eigenschaft, daß sie entweder ganz oder gar nicht durchgeführt werden sollen. Eine Transaktion wird deshalb mit dem READY-Befehl begonnen und mit einem anderen Befehl, dem FINISH-Befehl, zum Abschluß gebracht.

Dieser FINISH-Befehl

* gibt alle gesperrten Datensätze frei und
* führt alle zwischen READY und FINISH aufgerufenen Datenbankfunktionen zum sicheren Abschluß oder hebt wahlweise alle
  seit dem letzten READY aufgerufenen Datenbankfunktionen auf.
  Letzteres macht man, wenn etwa der Benutzer am Bildschirm
  während der Dateneingabe einen Fehler erkennt und alles Eingege-
  bene wieder stornieren will, oder wenn der Programmierer auf eine
  Fehlersituation trifft, für die er nur die Rücksetzung der gesamten
  bisherigen Arbeit vorsehen will (*roll back*) oder kann (etwa bei
  Divisionen durch Null).

Der FINISH-Befehl hat folgende Syntax:

FINISH [WITH CANCEL]

Der Zusatz WITH CANCEL führt zu dem Rollback.

7.3.2 STORE - Befehl

Um gleich einen Befehl und die Methode der gedachten Positionsanzeiger
kennenzulernen, wird an dieser Stelle der Befehl zum Einspeichern von
Daten vorgestellt. Er hat folgende Syntax:

STORE datensatzname

$$[\ RETAINING\ \ CURRENCY\ \ FOR\ \ \left\{ \left\| \begin{array}{l} MULTIPLE \\ REALM \\ RECORD \\ \left\{ \begin{array}{l} SETS \\ setname\_1,\ ... \end{array} \right\} \end{array} \right\| \right\}\ \ ]$$

Die vertikalen Doppelstriche geben hierbei an, daß die darin eingeschlosse-
nen Teilklauseln zusammen oder in einer beliebigen Kombination auftreten können. Nicht zulässig ist jedoch, überhaupt keine der zwischen
zwei Doppelstrichen enthaltenen Teilklauseln zu verwenden.

Mit diesem Befehl wird

* für den neuen Datensatz ein Data Base Key erstellt,

* der Datensatz in die Datenbank eingefügt und dabei auch mit
  allen Sets verbunden, bei denen für diese Satzart in der Member-
  Anweisung der DDL (vgl. Kapitel 7.2.2) AUTOMATIC definiert
  wurde,

* eine neue Set-Occurrence für jeden Set, in dem die angegebene
  Satzart Owner ist, eingerichtet,

* im Benutzer-DML-Programm, das diesen STORE-Befehl absetzte,
  eine Reihe der gedachten Positionsanzeiger (*sog. current*) neu aus-
  gerichtet: Der im STORE-Befehl angegebene Satz wird — soweit
  die Parameter des STORE-Befehls nichts anderes bestimmen —
  der neue Current der aktuellen Transaktion, der neue Current
  seiner Satzart und der neue Current aller Sets, in denen er Owner
  oder Member geworden ist. Wenn das jeweilige CODASYL-Datenbanksystem auch Datenbankbereiche (*realm*) unterstützt, wird
  dieser Datensatz auch der neue Current des Realms. Weitere
  Arten von Positionsanzeigern gibt es nicht. Dabei ist zu beachten,

daß der Begriff RETAINING CURRENCY FOR mit "die bisherige Festlegung des Current ist beizubehalten für" zu übersetzen ist.

Allgemein gilt: Die Retaining-Klausel dient dazu, die mit der Durchführung einer Funktion standardmäßig verbundene Aktualisierung der gedachten Positionsanzeiger für einige oder alle Positionsanzeiger zu unterdrücken. Diese Klausel findet sich auch in anderen Funktionsaufrufen wie z.B. FIND und FETCH. Da diese Klausel immer gleich ist, wird sie nachfolgend nicht mehr voll ausgeschrieben, sondern nur noch hierauf Bezug genommen.

7.3.3 IF-Anweisung

COBOL für CODASYL-Datenbanken enthält eine besondere IF-Anweisung, um dem Benutzer in seinem DML-Programm die Feststellung zu ermöglichen, ob ein Satz

* Owner in einem Set ist,
* Member in einem Set ist,
* Owner oder Member in einem Set ist, oder ob
* ein Set leer ist.

Diese IF-Anweisung hat zwei Formate:

Format 1:

$$
IF\ [NOT]\ [setname]\ \left\{ \begin{array}{l} OWNER \\ MEMBER \\ TENANT \end{array} \right\} \left\{ \begin{array}{l} anweisung\_1 \\ NEXT\ SENTENCE \end{array} \right\}
$$

$$
[\ ELSE \left\{ \begin{array}{l} anweisung\_2 \\ NEXT\ SENTENCE \end{array} \right\}]
$$

Format 2 :

$$
IF\ setname\ IS\ [NOT]\ EMPTY \left\{ \begin{array}{l} anweisung\_3 \\ NEXT\ SENTENCE \end{array} \right\}
$$

$$
[\ ELSE \left\{ \begin{array}{l} anweisung\_4 \\ NEXT\ SENTENCE \end{array} \right\}]
$$

Beide Formate setzen den bereits erwähnten gedachten Positionsanzeiger voraus. In Format 1 entscheidet die TENANT-Bedingung, ob der Satz, auf den der Positionsanzeiger gerade deutet, **Owner oder Member** in dem angegebenen Set ist. Analog erfolgt die Abfrage durch Angabe von MEMBER bzw. OWNER. In Format 2 wird abgefragt, ob die Set Occurrence, auf die der gedachte Positionsanzeiger derzeit zeigt, Member-Sätze enthält.

7.3.4 FIND-, FETCH- und GET-Befehl

Die FIND-Anweisung positioniert den Current der Datensatzart, zu der
der angegebene Satz gehört, auf den in der FIND-Anweisung definierten
Satz. Die GET-Anweisung überträgt diesen Satz zusätzlich in den Speicher des Benutzer-DML-Programms. Will man beides zugleich, dann
verwendet man die FETCH-Anweisung.

Die Befehle FIND und FETCH haben sieben Formate. Sie sind notwendig, da die DDL verschiedene Zugriffsarten zuläßt. Je nach Zugriffsart
ist ein bestimmtes DML-Format zu verwenden. Aus der Syntaxbeschreibung ersieht man das sehr rasch. Die nachfolgend aufgeführten Formate zeigen u.a. die Flexibilität, die ein CODASYL-Datenbanksystem
beim Datenzugriff erlaubt. Nach Vorstellung der Syntaxbeschreibung
der einzelnen Befehlsformate folgen weitere Hinweise zu den einzelnen
Befehlen.

Die Retaining-Klausel (s.o.) ist in jedem Format enthalten; sie wird mit
"RK" im folgenden abgekürzt:

Format 1 :

$$FETCH/FIND\ [datensatzname]\ DATABASE-KEY\ IS\ feldname\ RK$$

Format 2 :

$$FETCH/FIND\ \left\{ \begin{array}{l} ANY \\ DUPLICATE \end{array} \right\}\ datensatzname\ RK$$

Format 3 :

$$\left\{ \begin{array}{l} FETCH \\ FIND \end{array} \right\}$$

$$DUPLICATE\ WITHIN\ \left\{ \begin{array}{l} setname \\ datensatzname \end{array} \right\}$$

$$[USING\ feldname\_1,...\ ]RK$$

Format 4 :

$$\left\{ \begin{array}{c} FETCH \\ FIND \end{array} \right\} \left\{ \begin{array}{c} NEXT \\ PRIOR \\ FIRST \\ LAST \\ Ganzzahl \\ Feldname \end{array} \right\} \left\{ \begin{array}{c} datensatzname \\ RECORD \end{array} \right\}$$

$$[WITHIN \left\{ \begin{array}{c} setname \\ realmname \end{array} \right\}] \; RK$$

Format 5 :

$$FETCH/FIND \; CURRENT \; [datensatzname] \; [WITHIN \left\{ \begin{array}{c} setname \\ realmname \end{array} \right\}]RK$$

Format 6 :

$$FETCH/FIND \; OWNER \; WITHIN \; setname \; RK$$

Format 7 :

$$FETCH/FIND \; datensatzname \; [WITHIN \; Setname\_1 \; [CURRENT]]$$

$$[USING \left\{ \begin{array}{c} feldnamenliste \\ suchausdruck \end{array} \right\}]$$

$$[RESULT \; IN \; setname\_2]$$

$$[LIMITED \; BY \; setname\_3]$$

$$[TALLYING \; feldname] \; RK$$

wobei "Suchausdruck" ein logischer Ausdruck ist.

Der Befehl GET hat folgende Syntax:

$$GET \; \left[\begin{array}{c} datensatzname \\ feldname\_1,... \end{array} \right]$$

Das **Format 1** erlaubt einen direkten Zugriff über den Database Key.
Das hierbei verwendete Datenfeld mit dem Namen *feldname* muß beim
Programmieren mit COBOL mit der USAGE IS DATABASE-KEY-
Klausel bzw., je nach verwendeter Programmiersprache, mit einem an-
deren Sprachkonstrukt definiert werden.

Das **Format 2** verwendet man zum Zugriff auf Sätze, deren Satzart in
der DDL mit LOCATION MODE IS CALC spezifiziert wurde. Beispiel
2 in Kap. 7.2.1 enthält eine solche Satzart. Zum Lesen eines Satzes

unter Verwendung eines Hashcodes ginge man in diesem Beispiel so vor:
Der konkrete Wert des Hashcodes würde in das Datenfeld AUSWEIS-
NUMMER eingetragen. Danach würde der FIND-Befehl aufgerufen:
FIND ANY ausweis.
Damit wäre in dem Beispiel der gewünschte Satz gefunden.

Format 3 wird verwendet, um die unter einem Schlüsselwert mehrfach
vorhandenen Sätze zu lesen. Ausgenommen sind davon mehrfache Sätze
mit CALC-Keys. Diese werden mit Format 2 gefunden.

Mit **Format 4** sucht der DML-Programmierer Sätze über den Current
of Set. Wenn der Current of Set ein Owner-Satz ist, dann wählt FIND
NEXT den in der für die Membersätze definierten Sortierfolge ersten
Satz einer Set-Occurrence, FIND PRIOR den letzten Satz aus. Falls der
Current of Set ein Member-Satz ist, dann geht FIND NEXT bzw. FIND
PRIOR entsprechend der definierten Sortierfolge nach hinten oder vorne
weiter. FIND FIRST und FIND LAST sind demgegenüber eindeutig,
unabhängig davon, ob der Current of Set Owner- oder Member-Satz
ist. *Ganzzahl* gibt die Position an, an der der innerhalb der Sortierfolge
auszuwählende Satz steht.

Eine Anweisung im **Format 5** erlaubt, einen früheren Stand der Current-
Indikatoren wieder herzustellen. Wie diese Anweisung jeweils konkret
funktioniert, ist der Herstellerdokumentation zu entnehmen.

Wenn der Current of Set ein Member-Satz ist, dann wird mit der **Format 6** - Anweisung der im Set *setname* zugehörige Owner-Satz lokalisiert.
Wenn der Current of Set ein Owner-Satz ist, dann ist diese Anweisung
unnötig.

Mit **Format 7** startet man eine komplexe Suchfrage. Das Ergebnis
dieser Anfrage ist eine i.d.R. nichtleere Menge von Sätzen, für die tem-
porärer Speicherplatz zur Verfügung gestellt wird. Die Sätze dieser Tref-
fermenge durchsucht man mit Hilfe der Format 3-Anweisungen.
Ein Beispiel erläutert das am besten:
Sucht man beispielsweise in einer Artikeldatenbank alle Artikel, die zu
der Gruppe der "Bio-Produkte" gehören, dann könnte folgende An-
weisung verwendet werden (Format 7):
FIND artikel-satz WITHIN artikel-set USING artikel-gruppe="BIO"
Die weitere Positionierung zum Lesen erfolgt dann durch Befehle des
Formats 3:
FIND DUPLICATE WITHIN artikel-set
Die Angabe von CURRENT beschränkt die Suche auf die aktuelle Set-
Occurrence.

7.3.5 CONNECT und DISCONNECT

Weil die STORE-Anweisung den zu speichernden Datensatz nur in die
Sets einfügt, bei denen AUTOMATIC angegeben wurde, benötigt man
eine Anweisung zum expliziten Einfügen eines Datensatzes in die Sets,
bei denen er als Member mit MANDATORY MANUAL oder OPTIONAL
MANUAL definiert ist. Diese Anweisung ist die CONNECT-Funktion,
die wie der STORE-Befehl eine Retaining- Klausel hat. MANUAL bedeutet dabei, daß der Satz nicht automatisch, sondern explizit durch
die CONNECT-Anweisung einzufügen ist. Ein mit MANDATORY de-
finiertes Member kann nicht mehr aus der Occurrence herausgenommen
werden; bei einem OPTIONAL-Member ist dies möglich. Die Funktionsweise des CONNECT ergibt sich direkt aus der nachfolgend angegebenen
Syntax:

$$CONNECT \; [datensatzname] \; TO \; \left\{ \begin{array}{l} setname\_1,... \\ ALL \end{array} \right\}$$

$$[REATAINING \; CURRENCY \; FOR \; \left\{ \begin{array}{l} setname\_n,... \\ SETS \end{array} \right\}]$$

Analog zum CONNECT-Befehl ist eine Anweisung zum Herausnehmen
eines Datensatzes aus einer Occurrence erforderlich: der DISCONNECT-
Befehl. Mit dem DISCONNECT-Befehl nimmt man mit OPTIONAL
definierte Memberdatensätze aus einer Occurrence heraus. Innerhalb
eines Set kann man sie später wieder mit CONNECT in dieselbe oder
in eine andere Occurrence einfügen. Man kann in einer CODASYL-
Datenbank auch Sätze außerhalb aller Sets speichern: ein DISCON-
NECT eines Satzes aus dem letzten Set, in dem er noch eingekettet
war, ist also keine Löschung! Der DISCONNECT-Befehl hat folgende
Syntax:

Format 1 :

$$DISCONNECT \; [datensatzname] \; FROM \; \left\{ \begin{array}{l} setname\_1,... \\ ALL \end{array} \right\}$$

Format 2 :

$$DISCONNECT \; ALL \; FROM \; setname\_3 \; [setname\_4]...$$

7.3.6 ERASE - Befehl

Das Löschen eines Datensatzes aus einer Datenbank muß auch seine Einbeziehung in die verschiedenen Sets berücksichtigen. Der Benutzer hat hier jedoch die Möglichkeit, durch Parameter bei seiner DML-Anweisung einiges zu steuern. Zuerst jedoch die Syntax des ERASE-Befehls:

$$ERASE \quad datensatzname \; \left[\left\{ \begin{array}{l} PERMANENT \\ SELECTIVE \\ ALL \end{array} \right\} \quad MEMBERS \right]$$

Die einzelnen Parameter wirken dabei folgendermaßen:

* Die ERASE-Anweisung ohne Parameter löscht einen Datensatz nur, wenn er zum Zeitpunkt des Funktionsaufrufs in keiner Set-Occurrence Owner ist und wenn er in keiner Set-Occurrence Member besitzt.

* Der Parameter PERMANENT führt immer zu einer Löschung. Dabei werden alle als MANDATORY im Rahmen eines Sets zu dem zu löschenden Datensatz definierten Membersätze mitgelöscht. Alle als OPTIONAL definierten Membersätze werden nur aus der Set-Occurrence entfernt und bleiben in der Datenbank. (vgl. Kapitel 7.3.5).

* Der Parameter SELECTIVE führt alle vom Parameter PERMANENT bewirkten Löschungen ebenfalls durch und löscht zudem alle OPTIONAL definierten Memberdatensätze, die außer dem mit dem aktuellen ERASE-Befehl zu löschenden Datensatz keine anderen Owner-Datensätze mehr haben. Falls einer der so gelöschten Memberdatensätze in einem anderen Set Owner ist, dann werden seine Membersätze so gelöscht, als hätte man diesen Memberdatensatz mit ERASE SELECTIVE gelöscht. Dies wird über beliebig viele Hierarchiestufen fortgesetzt.

* Der Parameter ALL führt zur Löschung des Datensatzes und aller seiner Member, ungeachtet ihrer Verkettungen. Folgelöschungen über mehrere Hierarchiestufen werden so durchgeführt, als hätte man alle Member mit ERASE ALL explizit gelöscht.

7.3.7 KEEP und FREE

Bei Online-Systemen ist es regelmäßig notwendig, Datensätze zu sperren. So will man etwa verhindern, daß ein Benutzer A und ein Benutzer B gleichzeitig einen Datensatz (z.B. einen Kontostand mit einem Guthaben) auf ihrem Bildschirm anschauen und eine Veränderung (z.B. Abhebung eines hohen Geldbetrags) zulassen. Wäre der Datensatz nicht gesperrt (d.h. für einen Benutzer exklusiv reserviert), dann könnte der Benutzer A den Datensatz verändern und der Benutzer B ebenfalls. Dabei könnte B die Veränderung von A überschreiben, ohne jemals von ihr Kenntnis zu erhalten. Das wäre ein inhaltlicher Fehler. Eine Satzsperre stellt sicher, daß die Benutzer A und B nur nacheinander den Satz verarbeiten können. — Ein anderes Beispiel enthält Kapitel 6.2.13.

Satzsperren bewirken i.d.R. Transaktionen. Will man einen Satz, der Current einer Transaktion ist, über die Zeit hinaus, die er Current der Transaktion ist, sperren, muß man den Befehl

   KEEP

verwenden. Das Entsperren erfolgt entweder durch den FINISH-Befehl oder durch den Befehl

   FREE [ALL] .

7.3.8 MODIFY - Befehl

Neben dem Einspeichern, Lesen und Löschen muß es noch eine Anweisung zum Ändern eines Datensatzes geben. Funktionsweise und Inhalt des Befehls ergeben sich aus dem bereits Gesagten und der nachfolgend beschriebenen Syntax:

Format 1 :

$$MODIFY\ datensatzname$$

$$\left[\begin{Bmatrix} INCLUDING \\ ONLY \end{Bmatrix} \begin{Bmatrix} ALL \\ setname\_1, ... \end{Bmatrix} MEMBERSHIP \right]$$

$$\left[RETAINING\ CURRENCY\ FOR\ \begin{Bmatrix} SETS \\ setname\_n, ... \end{Bmatrix} \right]$$

Format 2 :

$$MODIFY\ feldname\_1, ...$$

$$\left[INCLUDING\ \begin{Bmatrix} ALL \\ setname\_1, ... \end{Bmatrix} MEMBERSHIP \right]$$

$$\left[RETAINING\ CURRENCY\ FOR\ \begin{Bmatrix} SETS \\ setname\_m, ... \end{Bmatrix} \right]$$

7.4 Storage Structure Language (SSL)

Die SSL ermöglicht dem Datenbankadministrator, auf den Ort und die
Art der Speicherung der Daten auf den Platten Einfluß zu nehmen.
Es ist deshalb kein Wunder, daß vor allem die SSL sehr stark von der
jeweiligen Realisierung des CODASYL-Vorschlags durch die einzelnen
Hersteller abhängt.

Um dennoch einen Einblick in eine SSL zu geben, ist nachfolgend das
Format des Satz- und des Set-Eintrags des Universellen Datenbanksystems (UDS, Siemens AG) in wichtigen Punkten wiedergegeben:

Record-Eintrag:

$RECORD\ NAME\ IS\ satzname$

$\left[DATABASE-KEY\ TRANSLATION\ TABLE\ [IS\ ganzzahl\_1]\right.$

$\quad \left.[WITHIN\ datenbankbereich\_1]\right]$

$\left[POPULATION\ IS\ ganzzahl\_2\ WITHIN\ datenbankbereich\_2,...\right]$

$\left[PLACEMENT\ OPTIMIZATION\ FOR\ SET\ setname\_1\right]$

$\left[INDEX\ NAME\ IS\ indexname\right.$

$\quad [PLACING\ IS\ WITHIN\ datenbankbereich\_3]$

$$\left[TYPE\ IS\ \left\{ \begin{array}{l} DATABASE-KEY-LIST \\ REPEATED\_KEY \end{array} \right\} \right]$$

$\quad \left.[DYNAMIC\ REORGANIZATION\ SPANS\ ganzzahl\_3\ PAGES]\right]...$

$\left[COMPRESSION\ FOR\ ALL\ ITEMS\right].$

Set-Eintrag:

$$SET\ NAME\ IS\ \text{setname}$$
$$\left[MODE\ IS\right.$$
$$\left\{\left\{\begin{array}{l}CHAIN\ [LINKED\ TO\ PRIOR]\\POINTER-ARRAY\\LIST\end{array}\right\}\left\{\begin{array}{l}ATTACHED\ TO\ OWNER\\DETACHED\end{array}\right\}\right\}\right]$$

$$\left[POPULATION\ IS\ \text{ganzzahl\_1}\ [INCREASE\ IS\ \text{ganzzahl\_2}]\right]$$

$$\left[DYNAMIC\ REORGANIZATION\ SPANS\ \text{ganzzahl\_3}\ PAGES\right]$$

$$\left[INDEX\ NAME\ IS\ \text{indexname\_1}\right.$$

$$\left[PLACING\ IS\ \left\{\begin{array}{l}ATTACHED\ TO\ OWNER\\DETACHED\end{array}\right\}\right]$$

$$\left[TYPE\ IS\ \left\{\begin{array}{l}DATABASE-KEY-LIST\\REPEATED-KEY\end{array}\right\}\right]$$

$$\left.\left[DYNAMIC\ REORGANIZATION\ SPANS\ \text{ganzzahl\_4}\ PAGES\right]\right]\ ...$$

$$\left[MEMBER\ IS\ PHYSICALLY\ LINKED\ TO\ OWNER\right].$$

Diese beiden Anweisungen werden in den folgenden Kapiteln im einzelnen erklärt.

7.4.1 Die RECORD - Klausel

Mit der RECORD-Klausel (Kapitel 7.4, Einleitung) informiert der Datenbankadministrator das Datenbanksystem insbesondere über die zu erwartende Anzahl von Sätzen einer bestimmten Satzart. Außerdem steuert er damit, welche Speicheroptimierungsstrategien das Datenbanksystem nutzt. Dies führt bei einer fachgerechten Anwendung der SSL zu einer Verbesserung des Zugriffsverhaltens, also einer besseren Performance der jeweiligen Anwendung. Wenn nachfolgend von Tabellen und Indexstrukturen die Rede ist, bezieht sich das nicht auf Tabellen pro Set-Occurrences, sondern auf Tabellen, die alle Datensätze dieser Datenart umfassen.

Die einzelnen Teilklauseln der RECORD-Klausel haben folgende Bedeutung:

* "satzname" bezeichnet die Satzart, deren Speicherstruktur nachfolgend optimiert werden soll.

* Die DATABASE-KEY-TRANSLATION-TABLE-Teilklausel legt fest, wieviele Datenblöcke (das sind die vom jeweiligen Betriebssystem bei der Plattenformatierung angelegten Blöcke) für die DATABASE-KEY-TRANSLATION-TABLE (DBTT) als Anfangswert verwendet werden sollen. In Kapitel 7.1 wurde bereits der DBK besprochen und dabei gesagt, daß jedem Datensatz ein DBK zugewiesen wird. Dies ist auch bei UDS der Fall. Die DBTT ist eine Tabelle, in der die DBK's nacheinander eingetragen werden. Die hier diskutierte Teilklausel erlaubt also, von vornherein die DBTT mit einer optimalen Größe zu versehen und sie zusätzlich in einen bestimmten Datenbankbereich (d.h. z.B. auf eine bestimmte Platte) zu legen. Diese Aufteilung von Datenstrukturen auf unterschiedliche Platten ist ein wichtiges Mittel zur Erhöhung des Datendurchsatzes, weil das Datenbanksystem zeitlich parallel (asynchron) jede Platte (sprich: jede Datenstruktur) bearbeiten kann. Legt man demgegenüber alles auf eine Platte, dann erfolgt der Zugriff notgedrungen hintereinander (synchron, serialisiert) und somit erheblich langsamer.

* Die POPULATION-Teilklausel ist für die Sätze, bei denen in der DDL (Kapitel 7.2.1) LOCATION MODE IS CALC angegeben wurde. Diese Klausel erlaubt, mit einem eigenen Unterprogramm aus irgendwelchen Datenfeldern selbst einen DBK zu berechnen. Ziel ist hier, den schnellen Zugriff über den DBK zu nutzen und den DBK mit einem inhaltlichen Bezug zu versehen. Dafür werden auch Tabellen erstellt, die wiederum Speicherplatz brauchen.

"ganzzahl_2" gibt die Zahl dieser Datenblöcke auf der Platte an, "datenbankbereich_2" erlaubt wiederum die Plazierung auf einer bestimmten Magnetplatte.

* Die PLACEMENT OPTIMIZATION - Teilklausel gibt bei Sätzen, die in mehreren Sets eingebunden sind, an, welcher Set möglichst optimal verarbeitet werden soll. So kann das Datenbanksystem dabei Owner- und Membersätze in nahe beieinander liegende Datenblöcke legen, um den Zugriff innerhalb eines Sets so zu beschleunigen. Das Ziel ist also, eine komplette Set-Occurrence in einem zusammengehörenden Speicherbereich abzulegen.

* Die INDEX-Teilklausel beschreibt die Speicherung einer Indexstruktur: Wenn in der Set-Beschreibung in der SSL (vgl. Kapitel 7.4.2) MODE IS POINTER ARRAY und ORDER IS SORTED INDEXED angegeben wurde, erstellt das Datenbanksystem eine Tabelle, in der zum einen der Schlüssel und zum andern der zugehörige DBK (also vor allem die Adresse des Datenblocks auf der Platte, in dem der Datensatz mit dem jeweiligen Schlüssel ist) vermerkt ist. In dieser Tabelle können Schlüsselwerte mehrfach vorkommen, falls keine eindeutigen Schlüssel verlangt werden. Die Tabelle läßt sich also verkürzen und der Zugriff darauf beschleunigen, wenn in den Fällen nur ein Eintrag für alle Datensätze darin enthalten ist. Dieser Eintrag muß in dem Fall nicht jeweils den exakten Datenblock angeben: Man denke vor allem an viele Datensätze mit demselben Schlüssel. Deshalb heißt in der Tabelle der Adresseintrag auch *"propable position pointer"* . Mit der Angabe DATA-BASE-KEY-LIST in der RECORD-Klausel der SSL gibt man an, daß jeder Schlüssel nur einmal enthalten sein soll. Demgegenüber heißt REPEATED KEY, daß jeder Schlüssel mit der Adresse des zugehörigen Datenblocks zu speichern ist. Hierzu wird auch auf die Ausführungen zu Pointer Arrays in Kap. 3.2 verwiesen.

7.4.2 Die SET - Klausel

Durch den Set-Eintrag (Kapitel 7.4, Einleitung) kann der Datenbankad-
ministrator festlegen, auf welche Weise die Owner-Sätze mit den Member-
Sätzen verknüpft werden sollen, welche zusätzlichen Zeiger unter Member-
Sätzen oder zwischen Member- und Owner-Sätzen anzulegen sind, wieviel
Member-Sätze voraussichtlich in eine Set-Occurrence kommen. Außer-
dem legt er damit fest, wieviele Blöcke einer Tabelle dynamisch reor-
ganisiert werden sollen und wo die zu den Set-Occurrences gehörenden
Tabellen abzuspeichern sind (vgl. auch Kapitel 3.3).

Im einzelnen haben die Teilklauseln folgende Bedeutung:

* "setname" bezeichnet den Set, dessen Speicherstruktur geregelt
  werden soll.

* MODE IS CHAIN bedeutet, daß alle Member-Sätze jeder Set-
  Occurrence dieses Sets mit einer einfach verketteten Liste (vgl.
  Kapitel 3.2) zu verbinden sind.

* MODE IS POINTER ARRAY bedeutet, daß für jede Set-Occurrence eine Tabelle mit Propable Position Pointers (vgl. u.a. Kapitel 7.4.1) für die Member-Sätze aufgebaut werden soll.

* MODE IS LIST führt dazu, daß alle Member-Sätze jeder Set-
  Occurrence als lineare Liste (vgl. Kapitel 3.2) abgelegt werden.
  Listen von Member-Sätzen einer Set-Occurrence mit SORTED IN-
  DEXED heißen indizierte Listen, alle anderen (ORDER IS FIRST,
  LAST, NEXT, PRIOR oder IMMATERIAL) sind nichtindizierte
  Listen.

* Die Zusätze in den MODE IS - Teilklauseln sind: ATTACHED TO
  OWNER und DETACHED. ATTACHED heißt, daß eine Tabelle
  mit Propable Position Pointers bzw. eine Memberliste falls irgend möglich im selben Datenblock wie der Owner auf der Platte
  abgelegt wird. Demgegenüber heißt DETACHED, daß solche Tabellen und Listen im selben Datenbankbereich, aber nicht im selben Datenblock abzuspeichern sind.

* Die POPULATION-Klausel gibt wieder an, wieviel Datenblöcke
  als Anfangswert für Pointer Arrays und Listen reserviert werden
  sollen und wie bei Platzmangel jeweils zu erweitern ist.

* DYNAMIC REORGANIZATION gibt an, wieviel Blöcke mit Tabellen (z.B. Pointer Arrays mit Propable Position Pointers) belegt
  sein müssen, bevor durch Beseitigen etwaiger Lücken in den Tabellen und durch etwaige Neusortierung die Tabelle wieder reor-
  ganisiert wird.

* Die INDEX-Teilklausel entspricht dem Eintrag im RECORD-Befehl (vgl. Kapitel 7.4.1). Man kann allerdings hier noch angeben, ob die entstehende Tabelle   ATTACHED TO OWNER (s.o.) oder DETACHED zu speichern ist.

* MEMBER IS PHYSICALLY LINKED TO OWNER führt dazu, daß zu allen Member-Sätzen der DBK des zugehörigen Owners innerhalb der Set-Occurrence des Sets "setname" gespeichert wird. Wenn man in seinem DML-Programm also häufig ausgehend vom Member-Satz den zugehörigen Owner-Satz erfragt, beschleunigt diese SSL-Anweisung den Ablauf des DML-Programms ganz erheblich.

TEIL IV HIERARCHISCHES MODELL UND SYSTEMTECHNIK

8 Hierarchische Datenbankstruktur (IMS)

Das bekannteste Datenbanksystem mit hierarchischer Datenstruktur ist das Datenbanksystem IMS der Firma IBM. Es handelt sich hier im Gegensatz zum relationalen Datenbankmodell und zum CODASYL-Modell um **kein** Datenbankmodell, das mehrere Hersteller für ihre jeweiligen Anlagen implementierten. IMS ist vielmehr ein Produkt der Firma IBM, das ursprünglich für einen großen Anwender entwickelt und später pragmatisch verallgemeinert wurde. IMS erlaubt deshalb auch, die besprochenen Datenstrukturen — lineare Listen, Bäume, einfache Netze — zu realisieren.

Hier wird IMS trotz seiner großen Verbreitung bei IBM-Anwendern nur kurz — und für Freunde von IMS wohl zu kurz — präsentiert. Ein Grund dafür ist, daß IMS eben sehr stark an einen Hersteller gebunden ist. [1] Ein anderer Grund ist, daß derzeit generell versucht wird, einfachere und möglichst portierbare [2] und relationale Datenbanksysteme einzusetzen. Abgesehen von Anwendungen mit ausgefallenen Datenstrukturen oder hohen Anforderungen an die Performance dürfte dies auch gelingen.

Will man IMS mit den in den Kap. 6 und 7 besprochenen Datenbanksystemen vergleichen, dann findet man am ehesten Analogien zum CODASYL-Modell:

* Die Datenbankstruktur und Datenbankorganisation wird in einer sog. *Data Base Description* (DBD) beschrieben. Beim CODASYL-Modell war dies die DDL.

* Die Sicht eines Anwenderprogramms auf die Datenbank kann bis auf Datenfeldebene herab beschränkt werden. Was ein Anwendungsprogramm von einer IMS-Datenbank sehen darf, wird in sog.

---

[1] Wer sich für IMS im Detail interessiert, sollte sich die jeweils aktuellste Beschreibung von der Fa. IBM beschaffen. Voraussetzung zu ihrem Verständnis ist jedoch eine Vertrautheit mit IBM-Betriebssystemen. .

[2] Ein Softwareprodukt ist portierbar, wenn es ohne große Probleme vom Rechner und Betriebssystem eines Herstellers auf den Rechner und das Betriebssystem anderer Hersteller übernommen werden kann.

Program Specification Blocks (PSB) beschrieben. Dort steht, welche Datenbanken das Programm benutzen darf, welche Datentypen benutzt werden können und welche Verarbeitungsfunktionen (z.B.: Lesen, Schreiben, ...) bei den einzelnen Datenbanken erlaubt sind.

* PSB's und DBD's werden mit Hilfe von Dienstprogrammen erstellt.

* Beim CODASYL-Modell können Anwenderprogramme von Umorganisationen einer CODASYL-Datenbank mit Hilfe der Subschema-DDL unabhängig sein. Vergleichbares ist bei IMS möglich: Selbst wenn Datenfelder in ihrer Reihenfolge im Datensatz vertauscht werden, hat das bei richtiger Programmierung keinen Einfluß auf das Anwendungsprogramm.

* Sekundärindizes mit mehreren Feldern eines Datensatzes sind möglich.

* Von mehreren Hochsprachen (z.B.: COBOL, PL/I) aus können Verarbeitungsfunktionen aufgerufen werden. Die entsprechende Schnittstelle stellen die DL/I-Aufrufe zur Verfügung.

Im nächsten Kapitel wird die Struktur von IMS grob erläutert:

8.1 Datenstruktur

IMS erlaubt die Darstellung von Baumstrukturen. Die Knoten der
Bäume heißen bei IMS Segmente. Ihr Aufbau — also die einzelnen
Datenfelder — wird in der Segmentbeschreibung exakt festgelegt.

Ein Datenbanksatz (*record*) im Sinne von IMS ist ein Baum. Eine IMS-
Datenbank ist eine Menge von Occurrences der definierten Datenbank-
sätze (*record types*). Abb. 23 zeigt ein Beispiel.

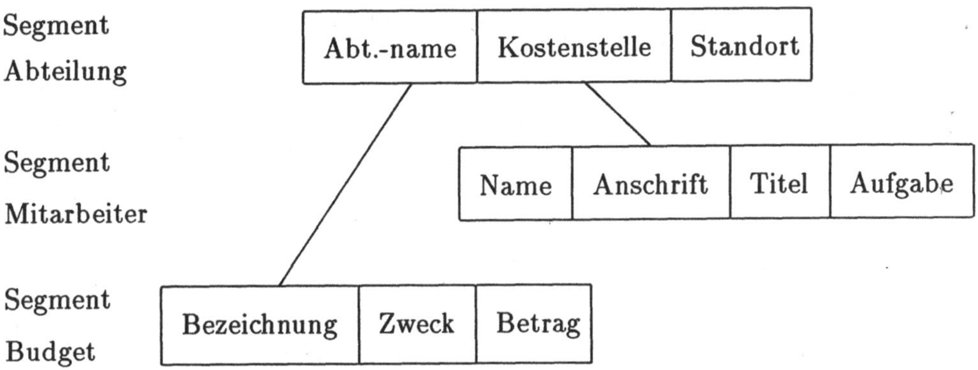

Abb. 23: Beispiel einer IMS-Datenstruktur

Die Segmente Mitarbeiter und Budget sind nur aus Platzgründen nicht
als Knoten derselben Ebene dargestellt.

Die Occurrences jedes Segments sind logisch verkettet. Die physikalische
Speicherung ist davon unabhängig.

Die hierarchische Struktur der Segmente ist ebenfalls durch Verkettungen realisiert. So kann man von einem Segment aus auf das hierar-
chisch übergeordnete Segment (*parent*) und auf das nachgeordnete Segment (*child*) zugreifen.

Falls die in Kapitel 3 beschriebenen einfachen Netze mit IMS dargestellt
werden müssen (etwa bei der Stücklistendatenbank), wird wie dort dargestellt ein Zwischensegment definiert.

8.2 Datenmanipulation

Die DML von IMS erlaubt u.a. folgende Zugriffe:

* Suchen bestimmter Occurrences eines Segments
  Will man etwa bei der in Kapitel 8.1 beschriebenen Abteilungs-
  struktur einen Mitarbeiter namens "Maier" finden, dann heißt der
  entsprechende Programmbefehl dazu:

  GET UNIQUE ABTEILUNG (ANAME="Entwicklung")

  MITARBEITER (MNAME="Maier").

  Falls der gesuchte Satz vorhanden ist, kommt er in den im Programm definierten I/O-Bereich. Andernfalls liefert IMS eine entsprechende Rückmeldung.

* Macht man bei diesem Beispiel weiter, dann könnte als nächstes
  der Zugriff auf die restlichen Mitarbeiter der Entwicklungsabteilung
  erforderlich sein. Ziel wäre etwa zu prüfen, ob der Mitarbeiter
  "Maier" mehr oder weniger Aufgaben hat als die anderen. Mit
  dem Befehl

  GET NEXT MITARBEITER

  erhält das Programm die Daten des nächsten Mitarbeiters. Wie
  bereits gesagt, sind die Occurrences eines Segments miteinander
  verkettet. Falls das Ende dieser verketteten Liste erreicht ist,
  meldet IMS "End of Data".

* Weitere Befehle der DML erlauben, eine Occurrence zu reservieren,
  zu löschen, einzufügen oder zu ändern. Das Reservieren einer Occurrence ist bei IMS so wie bei allen anderen Datenbanksystemen
  notwendig, um einen gleichzeitigen Update (*concurrent update*)
  durch mehrere Benutzer zu verhindern.
  Um das zu verstehen, muß man sich vorstellen, daß die Datenbank vom Bildschirm aus zeitlich parallel von mehreren Benutzern
  genutzt werden kann. Wenn beispielsweise die Personalabteilung
  und der Chef der Entwicklungsabteilung die Möglichkeit haben,
  bei Herrn Maier die Aufgabenbeschreibung im Datensatz zu ändern,
  kann sein, daß beide exakt gleichzeitig am Bildschirm die Daten
  von Herrn Maier abrufen. Wird der Datensatz dann nicht vom
  ersten, der darauf zugreift, gesperrt, dann können beide an ihrem
  Bildschirm eine neue, aber nicht unbedingt die gleiche, Aufgabenbeschreibung für Herrn Meier eingeben. Einer ist damit zuerst fertig. Das System speichert dessen Eingabe. Sekunden später ist der
  andere Benutzer auch soweit: das System speichert jetzt dessen
  Eingabe und überschreibt damit die Sekunden zuvor eingegebenen
  Daten. So etwas darf natürlich keinesfalls passieren.

9 Datenintegrität und Datensicherheit

Bei allen Datenbanksystemen gibt es Befehle, mit denen der Anwender
die Integrität seiner Datenbank sicherstellen kann. Dies sind:
READY/FINISH beim CODASYL-Vorschlag oder COMMIT WORK
bei SQL.

Folgende Ereignisse können die Integrität einer Datenbank zerstören:

* Die Datenbanksoftware kann fehlerhaft sein, so daß etwa Datenelemente in seltenen Fällen falsch verkettet werden.

* Eine Datenplatte kann durch irgend ein technisches Ereignis zerstört
  oder beschädigt werden.

* Ein Benutzerprogramm kann während der Bearbeitung einer aus
  mehreren zusammenhängenden Befehlen bestehenden Aufgabe ab-
  stürzen. Dann könnte sein, daß nur einige der Datenelemente —
  z.B. der Abteilungsdatensatz — aktualisiert wurden. Andere —
  z.B. der Mitarbeiterdatensatz — blieben jedoch auf ihrem alten
  Stand.

* Ein Eindringling, z.B. ein Hacker, kann in der Absicht, sich zu
  bereichern oder das Unternehmen zu schädigen, Anwenderprogramme oder Informationen fälschen oder löschen. Da es sich
  hierbei nicht um unwahrscheinliche Ereignisse handelt, wird deutlich, wie sehr die Frage der Datenintegrität (*data integrity*) mit
  der Frage der Datensicherheit (*data security*) verknüpft ist. Zu
  trennen sind diese Problembereiche jedoch von der juristischen
  Frage, wer welche Daten über wen speichern darf und an welche
  Stellen diese Informationen weitergegeben werden dürfen (Daten-
  schutz, *privacy*). Wer sich darüber näher informieren will, ist auf
  die einschlägigen Kommentare zum Bundesdatenschutzgesetz verwiesen (z.B.: Simitis u.a., Kommentar zum Bundesdatenschutzgesetz, Nomos Verlagsgesellschaft Baden-Baden, 1983).

Es gibt eine Reihe von Methoden, um solche Störungen aufzufangen
und ihre Auswirkungen zu minimieren. Hier können nur die wichtigsten
genannt werden:

* Um zu vermeiden, daß Benutzer aus Versehen oder infolge von
  Systemabstürzen die Datenbankstruktur verfälschen, erhalten sie
  die Möglichkeit, Transaktionen zu programmieren. Eine Transaktion ist eine Folge von Datenmanipulationen, die — ausgehend von
  einer korrekten Datenbankstruktur — wieder zu einer korrekten
  Datenbankstruktur führt. Korrekt ist dabei in doppeltem Sinne

zu verstehen: Zum einen sollen die Datensätze inhaltlich richtig sein. Das kann nur der Benutzer durch richtige Anwendungsprogrammierung, rigorose Tests und qualifiziertes Projektmanagement sicherstellen. Zum andern muß die systemtechnisch realisierte formale Struktur der Datenbank, also etwa die Datenformate, die Indexstruktur, die Setbeziehungen usw., richtig bleiben. Das kann nur der Hersteller sicherstellen.

* Zum Schutz der Datenbank vor einem Ausfall einer Platte durch Hardwarefehler führt man entweder eine Schattendatenbank oder eine Spiegeldatenbank. Eine Schattendatenbank ist eine z.B. am Tagesanfang erstellte Kopie der Produktionsdatenbank und ein zur Protokollierung der Änderungen verwendetes Magnetband. Mit diesem Magnetband zeichnet man alle im Laufe des Tages geänderten Datenblöcke unmittelbar entweder vor der Änderung (*before images*) oder nach der Änderung (*after images*) auf. Wird die Produktionsdatenbank zerstört, dann kann man mit der anfangs erstellten Datenbankkopie und dem Protokoll-Magnetband den Zustand der zerstörten Produktionsdatenbank bis hin zu den zum Zeitpunkt des Absturzes unvollständig gebliebenen Transaktionen rekonstruieren. Selbstverständlich kann man hierbei anstelle eines Magnetbands auch eine Plattendatei nehmen, die auf einem sonst von der Produktionsdatenbank nicht belegten Laufwerk liegt. Eine Spiegeldatenbank sind eine oder mehrere Magnetplatten, die vom Datenbanksystem oder vom Betriebssystem ständig als exakte Kopie der Datenträger mit der Produktionsdatenbank geführt werden. Man kann diese Spiegeldatenbank außer zur Datensicherung auch zur Beschleunigung der Datenbankzugriffe verwenden: Lesezugriffe können je nach Plattenbelastung auf der Produktionsdatenbank oder ihrem Spiegelbild ausgeführt werden.

* Absichtliche Zerstörungen der Daten durch Insider (Anwendungsprogrammierer, Datenbankadministrator, privilegierte Anwender) können ebenfalls verhindert oder zumindest in ihren Auswirkungen reduziert werden. Dies gilt sogar für sog. Computerviren, bei denen ein Anwendungsprogrammierer bestimmte Funktionen in das Produktionsprogramm einbaut, die entweder zeitgesteuert oder ereignisgesteuert (etwa: Eingabe des Namens und Geburtsdatums eben dieses Programmierers) zu einer begünstigenden oder Schaden auslösenden Programmaktion führen. Wichtige Schutzmittel sind hier eine saubere Projektdurchführung, bei der ständig das Programm am Pflichtenheft gemessen wird, das Zwei-Augen-Prinzip (immer zwei Mitarbeiter sind für dieselbe Aufgabe zuständig) und ein nicht umgehbares Bibliotheksverwaltungsprogramm.

Auf der Ebene der Datenbank ist die nach Paragraph 6 des Bundesdatenschutzgesetzes vorgeschriebene Protokollierung aller gespeicherten Daten mit Identifikation und Zeitpunkt des verantwortlichen Benutzers, sowie die Aufbewahrung der Protokollmagnetbänder und der Sicherungskopien über eine längere Zeit zu nennen.

Aufgaben:

1. Wie muß eine Einfügung in eine indexsequentielle Datenstruktur organisiert werden, damit durch einen einzigen Schreibbefehl an die Magnetplatte eine korrekte Indexstruktur in eine aktualisierte und wiederum korrekte Indexstruktur übergeführt wird, gleichgültig wie viele Blocksplittingoperationen notwendig wurden. Dabei soll in Kauf genommen werden, daß mehr Plattenzugriffe und/oder zeitweilig mehr Plattenplatz als im ungesicherten System gebraucht wird.

2. Man skizziere die Funktionsweise eines Programms, das eine Schattendatenbank mit Hilfe eines Protokollbands (*Logband*) aktualisiert. Dazu soll Pseudocode verwendet werden.

10 Systemtechnische Integration von Datenbanken, Datenbankcomputer

Genauso verwirrend wie die Diskussion der einzelnen Datenbankmodelle sind für einen nicht Eingeweihten die Gespräche über die Einbettung von Datenbanksystemen in ein Betriebssystem oder in ein Netz. Schlagworte wie File Server, Database Server, Sharable Image, Re-entrant TP-Monitor im Common Memory, Database Handler als eigener Task oder Mehrfachladen sind Begriffe, die ein Anfänger üblicherweise nicht erklärt bekommt. Ziel dieses Kapitels ist, dem Leser zu ermöglichen, hier künftig sachkundig mitzudiskutieren.

Grundsätzlich gibt es zwei Möglichkeiten, eine Datenbank zu betreiben. Entweder, sie ist wie die tabellarisch in Kap. 2 genannten Datenbanksysteme eingebettet in ein Betriebssystem eines Universalrechners. Oder: Ein Rechner hat einzig und allein die Aufgabe, eine oder mehrere Datenbanken zu verwalten. Diese Rechner nennt man Datenbankmaschinen. Das Betriebssystem einer solchen Datenbankmaschine besteht also nur aus dem Programm zur Verwaltung der Datenbanken und Programmen für einen Anschluß an ein Datennetz.

Zum Verständnis des folgenden muß man wissen, wie ein Betriebssystem aufgebaut ist: Betriebssysteme von Universalrechnern haben folgende Komponenten:

* Ein **Task Scheduler (Dispatcher, Monitor)** ist der Kern des Betriebssystems und sorgt dafür, daß alle Programme, die auf einem Rechner laufen, den Anteil an der Zentraleinheit, dem Speicher, den Ein-/Ausgabegeräten usw. (sog. Betriebsmittel) erhalten, der ihnen aufgrund der ihnen zugeteilten Prioritäten-Nummer (und weiterer) Charakteristiken zusteht.

* Das **Memory Management** verwaltet den Hauptspeicher, der i.d.R. als virtueller Speicher organisiert ist. Das Memory Management ist ein Programm des Betriebssystems (sog. Systemprogramm), das sicherstellt, daß jedes Anwenderprogramm entsprechend seiner Berechtigung den Hauptspeicher belegen kann. In einer Überlastsituation, bei der zu viele Programme gestartet wurden, kann es z.B. die Anwenderprogramme mit der niedersten Priorität zeitweise ganz aus dem Hauptspeicher entfernen. — Das Memory Management sorgt durch die Technik des virtuellen Speichers dafür, daß kein Anwender auf die Daten und Programme eines anderen Anwenders zugreifen kann, es sei denn, man habe dies besonders vereinbart. Systemspezialisten sprechen deshalb auch davon, daß jeder Benutzer seine eigene Mini-Welt mit eigenem Adreßraum erhält (sog. Benutzerisolation). Das führt dazu, daß

ein Programm A, das beispielsweise drei Benutzer gleichzeitig verwenden wollen, drei mal in den Hauptspeicher geladen wird, wenn keine besonderen Maßnahmen ergriffen werden. Wenn drei Kopien ein und desselben Programms im Hauptspeicher sind, dann wird der Hauptspeicher natürlich unnötig belastet. Es müßte doch möglich sein, dieses Programm nur einmal zu laden und die Benutzerisolation dennoch aufrecht zu erhalten. Das ist durchaus der Fall. Allerdings muß das mehrfach zu benutzende Programm dann auf eine besondere Art programmiert sein (sog. re-entrant Programmierung), das Programm muß zudem in einem gemeinschaftlich benutzbaren Speicher (sog. Common Memory) abgelegt sein und schließlich noch als mehrfach benutzbar deklariert werden (*to install as sharable image*; *image* ist ein anderes Wort für Programm).

* Eine **Time Sharing Option (TSO)** erlaubt den Benutzern eines Betriebssystems, den Rechner im Dialog von Datenstationen aus zu benutzen. Sie können dabei die im Betriebssystem definierten Kommandos eingeben und erhalten den Eindruck, der ganze Rechner sei nur für sie da. Der Begriff "Time Sharing Option" kommt von der Technik her, die man verwendet, um den TSO-Benutzern die Zentraleinheit zu geben: Jeder bekommt eine kleine Zeiteinheit (sog. time slice), die er die Zentraleinheit in Anspruch nehmen kann. Hat er diese Zeit verbraucht, dann kommt — grob gesagt — der nächste Benutzer an die Reihe. So geht es reihum, bis alle Benutzer die Zentraleinheit hatten. Danach kommt der erste Benutzer wieder an die Reihe.
* Eine ganze Reihe weiterer Komponenten gehört noch zu einem Betriebssystem: der SPOOL zur Listenausgabe, das Device Management zur Zuweisung von Magnetplatten und Bändern an einen, mehrere oder gar alle Benutzer, usw.

In einem solchen Betriebssystem kann ein Datenbanksystem nun als gemeinschaftlich benutzbares Programm oder als eigener Task, der dann Database Handler heißt, integriert werden.

Schon aus dieser groben Diskussion der Funktionsweise eines universellen Betriebssystems ergibt sich dessen Komplexität. Kein Wunder, daß findige Systemanalytiker deshalb die Frage stellten, ob man nicht eine eigene "Datenbankmaschine" entwickeln könnte. Jeder EDV-Spezialist weiß nämlich: Die Architektur eines Rechners bestimmt ganz wesentlich dessen Leistungsfähigkeit in einer bestimmten Anwendungsumgebung. Deshalb entwickelte man ja besondere Gleitkommaprozessoren und Vektorprozessoren etwa zum Anschluß an einen kommerziellen Rechner, deshalb gibt es in der /370-XA-Architektur eine besondere Firmware für das Ein-/Ausgabesystem (Channel Subsystem) und deshalb setzen manche Anwender auch einige Festkopfplatten anstelle der üblichen Plattensysteme ein. Somit ist es eigentlich ganz naheliegend, einen speziellen Computer für Datenbanken zu entwickeln. Diese Rechner heißen Datenbankrechner.

10.1 Hardware-Architektur einer Datenbankmaschine

Es lohnt sich, diese Datenbankrechner genauer anzuschauen: Ihre Hardware-Architektur entspricht Minicomputern oder Prozessrechnern. CPU, Hauptspeicher und die verschiedenen Controller — üblicherweise für Platten, Bänder und Datenkommunikation — sind an einen gemeinsam benutzten Bus angeschlossen. Eine praktikable Hauptspeicherkonfiguration besteht aus 2 bis 6 MB, mehreren Platten und einem Ethernetanschluß. Durch Anschluß eines Zusatzprozessors (sog. *database accelerator*) und weiterer Peripheriegeräte läßt sich die Leistung wesentlich erhöhen. Die Leistungsfähigkeit eines Database Accelerators erkennt man daran, daß er z.B. Datenblöcke parallel zum Transfer dieser Blöcke von der Platte in den Hauptspeicher verarbeitet.

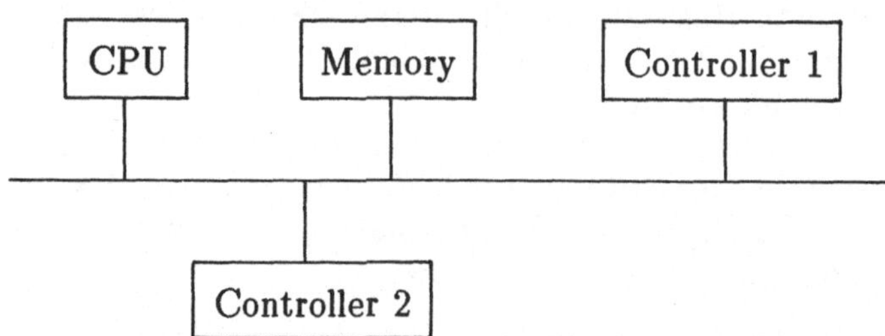

Abb. 24: Hardware-Architektur einer Datenbankmaschine

Weil eine Datenbankmaschine nur für die Datenbankverwaltung gemacht wird, kann sie ohne einen anderen Rechner — man nennt ihn hier Host — nicht arbeiten. Der Host muß nämlich die bei Dialoganwendungen notwendige Formatbearbeitung und Bildschirmsteuerung leisten. Als Host können PC, Minicomputer wie eine MicroVAX oder Großrechner, etwa eine MVS-Anlage, verwendet werden. Der Anschluß zum Host erfolgt i.d.R. über Ethernet (10 Mbit/sec) oder asynchrone Leitungen (z.B. bei PC) mit Geschwindigkeiten bis 19.200 bit/sec.

10.2 Software-Architektur

Die Software-Architektur besteht aus einem überwiegend speicher-resident gehaltenen Betriebssystem, das natürlich nur die zur Datenbankverwaltung erforderlichen Funktionen enthält. Eine Time Sharing Option, Formatgeneratoren, Spool-Systeme, Batch-Manager usw. findet man hier natürlich nicht. Besondere Effizienz erzielt man dadurch, daß das Betriebssystem der Datenbankmaschine nur relationale Datenbanken unterstützt. CODASYL-, hierarchische oder Netz-Datenbankmodelle kann man i.d.R. nicht realisieren. Auch die sonst auf Rechnern üblichen Standarddateien — SAM, ISAM, Bibliotheken für Module oder anderes — werden nicht angeboten. Die konsequente Verwendung eines relationalen Konzepts wirkt sich auch auf die Systemsteuerung aus: Das gesamte Betriebssssystem der Datenbankmaschine wird über Systemrelationen verwaltet. So gibt es Relationen zur Generierung der Rechnerkonfiguration, zur Definition der Benutzerprofile, zur Ablage der Abrechnungsinformationen (*Accounting*) usw. Der Systemverwalter bearbeitet sie praktisch ausschließlich mit SQL oder einer anderen relationalen Datenbanksprache.

Von besonderem Interesse ist noch die Fähigkeit des Betriebssystems, zwei Magnetplatten als sog. Spiegelplatten zu betreiben. Beide Platten sind dann völlig identisch, einmal abgesehen von der Verwaltung defekter Spuren. In diesem Fall führt der Datenbankrechner einen Schreib-Befehl auf beiden Platten aus; gelesen wird demgegenüber immer von der gerade am wenigsten belasteten Platte. Der Vorteil ist, daß beim Ausfall einer Platte das Datenbanksystem unterbrechungsfrei mit der anderen, dem Spiegelbild, weiterarbeiten kann. Üblich ist außerdem ein Platten-Cache, der die n zuletzt bearbeiteten Datenblöcke im Hauptspeicher hält und so ein Wiedereinlesen bei einem eventuellen erneuten Zugriff verhindert. — Diese Funktionen beschleunigen die Datenbankoperationen erheblich. Sie sind inzwischen jedoch auch bereits in sehr preiswerten Controllern für Minicomputer und andere Rechner integriert und somit auch auf diese Weise verfügbar.

SQL läuft analog wie die Programme zur Bildschirmsteuerung **auf dem Host** und verkehrt mit dem Datenbankrechner über ein kompliziertes Protokoll. Es erlaubt, vom Benutzer formulierte SQL-Anweisungen in einer komprimierten — d.h. kompilierten — Form an die Datenbankmaschine zu übertragen. Außerdem wird damit das Ergebnis der Abfrage sowie eventuelle Fehlermeldungen (Hardware Error,...) zurückübertragen. Anders als über dieses Protokoll ist ein Zugriff auf die Datenbanken der Datenbankmaschine nicht möglich. Das ist auch der Grund, wieso man keine nicht-programmierbaren Terminals an eine Datenbankmaschine direkt anschließen kann.

10.3 Nutzung einer Datenbankmaschine

Datenbankmaschinen erlauben eine vielfältige Nutzung:

* Der Benutzer kann unter MS.DOS mit einem PC oder im Time Sharing Mode eines Großrechnerbetriebssystems ein Programm namens SQL aufrufen. Danach kann er interaktiv SQL-Kommandos eingeben. Der Systemverwalter verwendet diese Schnittstelle ebenfalls für seine Aufgaben.

* Üblicherweise werden in das Betriebssystem des Hosts eine Reihe von Kommandos integriert, die eine weitere Schnittstelle zwischen dem Datenbankrechner und dem Host darstellen. Die wichtigsten sind:

  - Laden einer Relation einer Datenbank von einer sequentiellen Datei des Hosts aus.
  - Entladen einer Relation einer Datenbank in eine sequentielle Datei des Hosts.
  - Sichern einer Datenbank auf den Host oder ein Band des Datenbankrechners. Analog: Zurückladen einer gesicherten Datenbank von diesen Medien.
  - Nachfahren einer Datenbank mit Hilfe des Transaction-Logs.

* Ähnlich wie bei anderen Datenbanksystemen, liefert der Hersteller einen Anwendungsgenerator. Er erlaubt, ausgehend von einer relationalen Datenbank automatisch Bildschirmmasken für die Dateneingabe, Datenänderung und Datenabfrage zu erstellen. Dazu greift der Generator auf die Definitionen der Datenbank zu und erstellt Bildschirmmasken, deren Felder mit den Attributnamen beschriftet werden. Natürlich sind diese automatisch erstellten Masken sehr einfach und nicht gerade präsentabel. Mit etwas Spielerei lassen sie sich jedoch leicht verschönern. Bei sehr einfachen Anwendungen hat man deshalb tatsächlich nach einer halben Stunde schon ein voll funktionierendes System für die Datenerfassung, -abfrage und -veränderung. Einige dieser Anwendungsgeneratoren enthalten auch Listengeneratoren, mit denen man beispielsweise beim Aufruf einer Bildschirmmaske bestimmte Ausdrucke (Quittungen, Bescheinigungen, Hardcopies,...) erstellen kann.

* Für eine Reihe Programmiersprachen — C, FORTRAN, PASCAL, COBOL, ... — bieten die Hersteller auch Runtime-Routinen oder Precompiler an, damit Anwenderprogramme direkt mit der Datenbankmaschine kommunizieren können. Außerdem ist es i.d.R. möglich, SQL-Kommandos aus einem Anwendungsprogramm heraus abzusetzen und evtl. Ergebnisse weiterzuverarbeiten.

10.4 Integration eines Datenbanksystems in Universalrechner-Betriebssysteme

Wie bereits gesagt wurde, gibt es hierfür verschiedene Techniken. So kann etwa SQL und das zur Datenbank gehörende Programmsystem in einem Common Memory untergebracht sein. Das ist aus systemtechnischer Sicht eigentlich die beste Lösung:

* Beliebig viele Benutzerprogramme (Benutzer-Tasks) können in dem Fall das Datenbanksystem nutzen und parallel auf ihre Datenbanken schreiben. Allerdings sollten in dem Fall auch pro Benutzergruppe eigene Magnetplattenlaufwerke installiert sein. Den Grund dafür erkennt man, wenn man sich einmal vorstellt, alle Benutzer hätten ihre Datenbank auf einer einzigen Platte. In dem Fall würden alle Schreib-/Lesebefehle an diese eine Platte gerichtet werden; selbstverständlich entsteht dann schnell ein Stau. Ein Benutzer muß dann auf den anderen warten. Man sagt auch: die einzelnen Benutzerprozesse werden serialisiert.

* Der Hauptspeicher wird nicht überlastet, indem mehrere Kopien desselben Programms gleichzeitig in verschiedenen Hauptspeicherbereichen

* Wenn jeder Benutzer einen eigenen Prozess (Task) erhalten kann, hat er auch ein Anrecht auf eine eigene Zeitscheibe zur Benutzung der CPU. Er wird in dem Fall also schneller bedient werden, als wenn nur ein Prozess für alle Benutzer vorhanden ist.

Eine Methode der Integration von Datenbanksystemen in Betriebssysteme sollte noch angesprochen werden: Manche Systeme bieten auch die Möglichkeit, das Datenbanksystem, das die Datenbanken verwaltet, in das Benutzerprogramm mit dem Linker nach dem Übersetzen einzubinden. Ein so installiertes Datenbanksystem nennt man auch *linked-in database handler*. Der Name beschreibt deutlich, daß der Kern des Datenbanksystems mit dem Benutzerprogramm (so ähnlich wie ein Unterprogramm) zusammengebunden wurde. Mehrere linked-in Database Handler können miteinander kommunizieren. Sie verwenden dazu die in jedem grösseren Betriebssystem vorhandenen Mechanismen zum Sperren, Freigeben von Betriebsmitteln (sog. Semaphoren, Lock Manager, Eventing-Routinen) und zur Kommunikation zwischen zwei unterschiedlichen Benutzern. Diese Mechanismen können sehr aufwendig sein. Deshalb sollte man vor einer massiven Verwendung von linked-in Database Handlern den dadurch verursachten Verwaltungsaufwand des Betriebssystems untersuchen.

Wie Datenbanksoftware im Universalrechner effizient installiert werden kann, zeigt die Darstellung der Adressräume der einzelnen Benutzer (User).

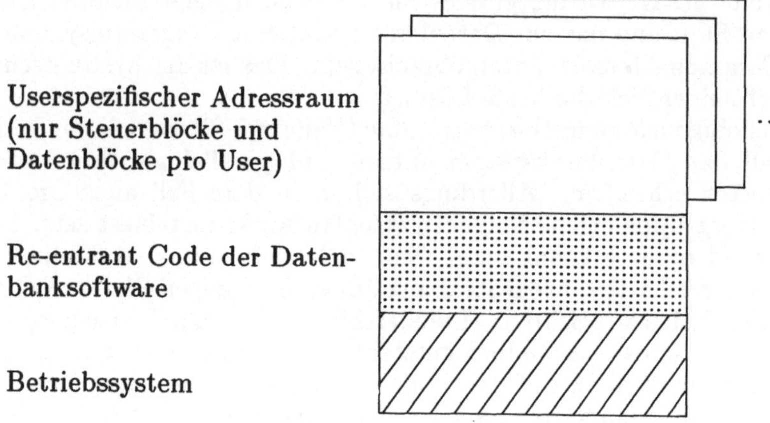

Abb. 25: Effiziente Integration einer DB-Software

10.5 Interessante Anwendungen einer Datenbankmaschine

Nachfolgend sind zwei Anwendungen von Datenbankrechnern dargestellt, die besonders interessant erscheinen. Natürlich gibt es darüber hinaus noch viele andere sinnvolle Einsatzmöglichkeiten.

* Der Anschluß einer Vielzahl von PC's an einen Datenbankrechner bringt den Anwender einen großen Schritt näher an die EDV-Lösung, bei der billige, periphere Prozessoren die rechenzeitaufwendige Maskenaufbereitung und schnelle Prozessoren die Task- und Datenverwaltung durchführen. Diese Lösung ist bei entsprechendem Anwendungsprofil preisgünstiger als die Anschaffung eines Minicomputers und die Installation eines Datenbankpakets und kann erheblich mehr Benutzer bedienen. Der Datenbankrechner ist bei dieser Lösung ein Database Server, der erheblich mehr leistet, als die mit PC realisierten File - oder Database Server.

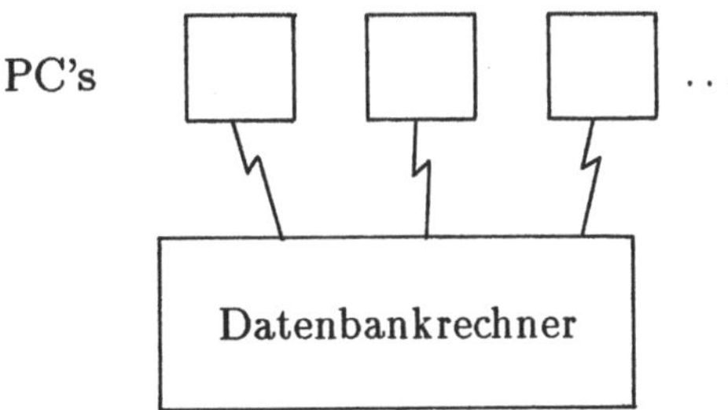

Abb. 26: Anschluß von PCs an eine Datenbankmaschine

* Wenn Datenbanken zum Informationsabruf durch eine Vielzahl von Benutzern vorgesehen sind, etwa im Rahmen von Bildschirmtext, kann die nachfolgend dargestellte Lösung besonders interessant sein. Ein oder mehrere Minicomputer stellen eine Schnittstelle zum Netz dar, führen die Abrechnung der Abrufe, die Aufbereitung der Bildschirmformate, und evtl. eine Backup-Funktion (Kopieren von Daten zur Sicherung vor Verlust) durch. Der Datenbankrechner verwaltet die Datenbank, beispielsweise mit Spiegelplatten. Ein PC könnte zur Aktualisierung der Datenbankinhalte eingesetzt werden.

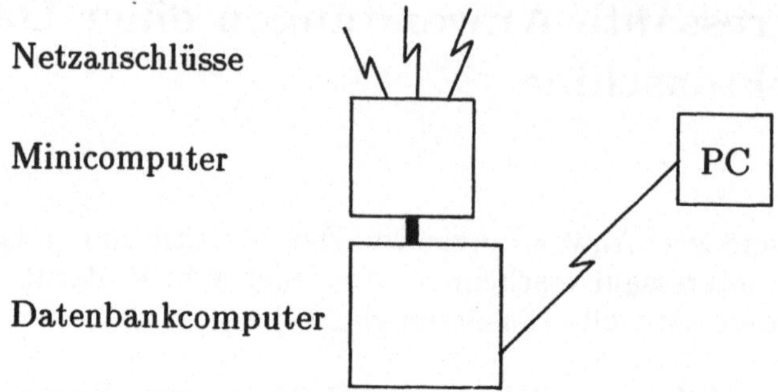

Abb. 27: Datenbankmaschine im Informationsnetzwerk

Diese Beispiele zeigen, daß eine geschickte Kombination preiswerter Rechner insgesamt zu einer sehr effizienten EDV-Lösung führen kann, die zudem in kleinen Stufen entsprechend dem jeweiligen Bedarf ausgebaut werden kann.

11 Verteilte Datenbanken

Als großen Vorteil gegenüber einem System von Einzeldateien der herkömmlichen Datenverarbeitung wurde bei Datenbanken die Möglichkeit angeführt, die Verarbeitungswünsche einer großen Zahl heterogener Benutzergruppen mit einer einzigen Datenbank zu erfüllen. Dieses Ziel haben natürlich auch geographisch weit von einander entfernte Benutzer, wenn sie etwa zu einer Unternehmensgruppe gehören. Ein Beispiel sind Flugreservierungssysteme: Die Reisenden sollen in New York, Tokio, Perth und Stuttgart denselben Flug buchen können.

Eine Realisierungsmöglichkeit erfolgt über eine zentrale Datenbank, an die eine Vielzahl von Datenstationen über ein weitverzweigtes Datenfernübertragungsnetz angeschlossen ist.

Eine andere Realisierung besteht darin, die zentrale Datenbank in einzelne Teile aufzuteilen und dezentral zu führen. Damit lassen sich u.U. enorme Kosteneinsparungen erzielen. Verteilte Datenbanken sollen deshalb hier zumindest erwähnt werden, obwohl die Anwender diese Technik noch relativ wenig nutzen wollen und die Hersteller hierfür kaum erstklassige Produkte bieten.

Eine der größten Befürchtungen der Anwender bei der Konzeption einer verteilten Datenbank ist, daß durch den Ausfall eines dezentralen Rechners oder der Leitung dahin der gesamte Betrieb einmal stillstehen könnte. Welches Risiko hier besteht, läßt sich abschätzen. Welche Vor- und Nachteile sich jeweils ergeben, muß natürlich jeder Anwender selbst für sich ausmachen. Häufig neigt man aber dazu, die Risiken zu überschätzen. Viele Transaktionen einer Datenbank können nämlich auch ablaufen, wenn kurzfristig ein Datenbankteil nicht verfügbar ist und so Konsistenzbedingungen zeitweise verletzt werden. So können durchaus Flüge auf den Verdacht hin, daß die Maschine noch Plätze zur Verfügung hat, gebucht werden. Beim nächsten Zusammenschluß der Netzteile (und Datenbankteile) muß allerdings die Konsistenz der Gesamtdatenbank wieder hergestellt werden. Dazu sind Transaktionen nachzufahren. Ergibt sich dann eine erhebliche Überbuchung, sind natürlich die Reisenden zu informieren. Der Fall wird allerdings nicht allzu häufig vorkommen.

Abgesehen von diesen anwenderorientierten Überlegungen, sind an verteilte Datenbanken eine Reihe von Anforderungen zu stellen:

* Die verteilten Systeme müssen voneinander unabhängig sein. Da die Datenbankteile in verschiedenen Ländern, Zeitzonen und Organisationen betrieben werden, müssen Wartungsarbeiten, Aufgaben der Systemsicherung usw. völlig unabhängig voneinander durchführbar sein.

* Das Datenbanksystem sollte nicht zwischen Funktionen, die nur lokal, und solchen, die nur über das Netz möglich sind, unterscheiden. Kommandos müssen in beiden Fällen dasselbe Format und dieselbe Bedeutung haben. Ebenso müssen Administrationsfunktionen, Datendefinitionen usw. lokal und über das Netz (*remote*) gleich wirken.

* Das System muß akzeptable Antwortzeiten bieten. Deshalb sollte das Datenbanksystem Dialoge, die über mehrere Transaktionen gehen (*session*), erlauben. Andernfalls entsteht nämlich ein großer Aufwand, um z.B. Identifikations - und Authentifikationsvorgänge ständig zu wiederholen, oder Data Dictionary-Informationen zu übertragen.

12 Literatur

Bauer/Goos: Informatik, 2 Bände; Springer Verlag; 1971

Date: An Introduction to Database Systems; Addison-Wesley; 3rd edition 1981

Denert/Franck R: Datenstrukturen; Bibliograph. Institut Mannheim; 1977

Härder/Wedekind: Datenbanksysteme II; Bibliograph. Institut Mannheim; 1976

Knuth: The Art of Computer Programming, Volume 1: Fundamental Algorithms; Addison-Wesley; 1973

*Kroenke:*Database Processing; Science Research Associates Inc.; 1977

Lewis/Smith: Datenstrukturen und ihre Anwendung; Oldenbourg Verlag München; 1978
Titel der englischen Originalausgabe: Applying Data Structures; Houghton Mifflin Company; 1976

Schlageter/Stucky: Datenbanksysteme: Konzepte und Modelle; Teubner Verlag Stuttgart; 1983

Wedekind: Datenbanksysteme I; Bibilograph. Institut Mannheim; 1981

Wedekind: Datenorganisation; De Gruyter Berlin; 1970

Wiederhold: Datenbanken, Analyse - Design - Erfahrungen; Oldenbourg Verlag München; 1980

Lindsay et al.: Computation and Communication in R*: A Distributed Data Base Manager; ACM Transactions on Computer Systems, Vol. 2, No. 1; February 1984; Pages 24-38

Meier: Erweiterung relationaler Datenbanksysteme für technische Anwendungen, Springer Verlag Berlin; 1987.

Simitis/Dammann/Mallmann/Reh: Kommentar zum Bundesdatenschutzgesetz, 3.Auflage; Nomos Verlag Baden-Baden; 1981

IBM Deutschland GmbH, SQL/Data System. Je nach verwendetem Betriebssystem sind die entsprechenden Handbücher vorhanden.

ORACLE Deutschland GmbH, Beschreibungen des Datenbanksystems ORACLE

Britton Lee Inc, IDM System , SQL Reference Manual (Britton Lee ist ein amerikanischer Hersteller von Datenbankmaschinen.)

13 Sachwortverzeichnis

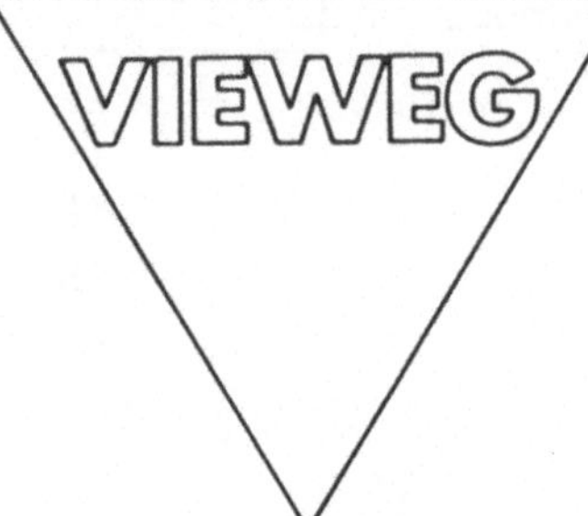

Wolf-Michael Kähler

Einführung in die Programmiersprache COBOL

*Eine Anleitung zum „Strukturierten Programmieren".
4., neubearbeitete Auflage 1988. X, 351 Seiten. 16,2 x
22,9 cm. Kartoniert.*

<u>Inhalt:</u> Einführung – Vereinbarung der Datensatz-Struktur – Programmaufbau und Programmablauf – Syntax und Einteilung von COBOL-Anweisungen – Datentransport und Wertzuweisung – Einfache Ein-/ Ausgabe – Einfache Steueranweisungen – Arithmetische Operationen – Tabellenverarbeitung – Qualifizierung – Erweiterte Steueranweisungen – Dateiverarbeitung – Ergänzende Programmiertechniken – Anhang – Lösungsteil.

COBOL ist weltweit die am häufigsten eingesetzte problemorientierte Programmiersprache. Vor allem eine sehr weitgehende Standardisierung sowie ihre leichte Erlernbarkeit geben COBOL diese Vormachtstellung. Die Schwerpunkte der COBOL-Programmierung liegen überwiegend im kommerziellen und administrativen, weniger im mathematisch-naturwissenschaftlichen Bereich.

Dieses Buch vermittelt die Grundlagen der Programmiersprache COBOL. Die einzelnen Sprachelemente werden anhand von Beispielen erläutert, die keine besonderen Kenntnisse aus dem Anwendungsbereich erfordern. Im Hinblick auf die Entwicklung und Darstellung von Problemlösungen wird der Leser mit den Grundgedanken des „Strukturierten Programmierens" vertraut gemacht. Er lernt u. a., wie man sog. Struktogramme als graphische Mittel zur Beschreibung von Problemlösungen einsetzen kann.

Vorkenntnisse aus dem Bereich der Elektronischen Datenverarbeitung werden nicht vorausgesetzt. Zur Lernkontrolle werden Übungsaufgaben gestellt, deren Lösungen in einem gesonderten Abschnitt angegeben sind.

Die Software zum Buch:
5 1/4"-Diskette für den IBM PC und Kompatible unter PC-DOS (MS-DOS) mit COBOL.